N'ICE CREAM

N'ICE CREAM

Virpi Mikkonen
& Tuulia Talvio

Plus de 80 recettes de savoureuses glaces véganes

TRADUIT DE L'ANGLAIS PAR AGNÈS MARTIN

Titre original : *N'ice Cream*

Copyright © 2016 par Virpi Mikkonen et Tuulia Talvio

Copyright photographies par Virpi Mikkonen et Tuulia Talvio

Photos des auteures par Ulla-Maija Lähteenmäki/Cozy Publishing

Publication originale aux États-Unis par imprint Penguin Random House LLC

375 Hudson Street, New York, New York 10014

Tous droits réservés. À l'exception de quelques citations extraites de journaux, de magazines, d'émissions de radio, de télévision, ou de critiques en ligne, aucun passage de ce livre ne doit être reproduit, distribué ou communiqué sous quelque forme ou par quelque moyen que ce soit, électronique ou mécanique, incluant la photocopie, l'enregistrement ou le stockage d'informations ou système de récupération, sans l'autorisation écrite préalable de la maison d'édition.

De nombreuses appellations utilisées par les fabricants ou les revendeurs pour distinguer leurs produits sont revendiquées comme marques déposées. Partout où ces appellations apparaissent dans cet ouvrage, dans la mesure où la maison d'édition a eu connaissance d'une revendication de marque déposée, elles sont mentionnées à l'aide de majuscules.

Ce livre reflète les opinions et les idées de ses auteurs. Il a pour objectif de fournir des informations utiles concernant les sujets abordés. Sa commercialisation ne s'accompagne d'aucun engagement de la part de l'auteur ou de la maison d'édition à fournir des conseils d'ordre médical, sanitaire, ou tout autre service professionnel. L'auteur et la maison d'édition ne sauraient être tenus pour responsable de toute perte ou tout risque encouru directement ou indirectement lié à l'usage du contenu de cet ouvrage.

Publication en langue française : © 2017 par les Éditions L'Âge d'Homme SA, Lausanne (Suisse) Catalogue et informations : Éditions L'Âge d'Homme, CP 5076, 1002 Lausanne (Suisse) www.lagedhomme.com

ISBN 978-2-8251-4673-6

Direction artistique : Olivier Courtin (www.taniwha.fr) et Émilie Deyres (www.milay.fr)

Achevé d'imprimer par Tolek, (Mikołów, Pologne) pour le compte des Éditions L'Âge d'Homme en mai 2017.

Pour Axel, Alva et Finn,
les meilleurs testeurs de n'ice-cream du monde

SOMMAIRE

Introduction	**1**
Bases pour faire des glaces véganes	**7**
Ingrédients	7
Comment faire des glaces maison	15
Les recettes	**24**
Glaces crémeuses	24
Glaces express	80
Glaces à l'eau et sorbets	116
Milkshakes	140
Gâteaux glacés et biscuits	154
Garnitures	180
Merci !	**200**
Index	**203**
Au sujet des auteures	**211**

N'ICE CREAM

INTRODUCTION

Si vous êtes en train de lire ce livre, c'est sans doute que vous avez des rêves fous de glace. Vous savez de quoi je veux parler : ces rêves dans lesquels vous dévorez des bols complètement décadents de sundae crémeux et où vous vous sentez malgré tout léger et heureux après. Eh bien vous savez quoi ? Ce rêve va devenir réalité.

Cela vous parait trop beau pour être vrai ? Pourtant, c'est une question de bon sens : tout ce que vous avez à faire, c'est de remplacer la mauvaise qualité par la bonne. Votre corps adorera ! Les glaces du commerce sont généralement faites de produits laitiers complètement transformés, de sucre raffiné et d'ingrédients aux noms imprononçables, ce qui aide la glace à résister aux temps de transport et aux longs séjours dans les congélateurs des magasins. Mais ce ne sont pas des choses que vous avez envie d'ingérer ! Heureusement, vous avez maintenant ce livre entre vos mains, et votre monde glacé est sur le point de changer.

Qui sommes-nous donc pour réaliser vos fantasmes glacés ? Nous sommes deux amoureuses de la cuisine saine, vivant en Finlande, un pays scandinave avec des milliers de lacs, de forêts, une réserve infinie de nourriture saine et propre. Nous vivons à Helsinki, une ville à l'ambiance très agréable qui fait preuve d'un intérêt croissant pour l'alimentation saine. Les Finnois sont vraiment fous de glace et en mangent beaucoup. Malgré des hivers rigoureux, la Finlande est l'un des plus grands consommateurs de glace au monde !

Nous privilégions désormais une alimentation naturelle, mais cela n'a pas toujours été le cas. L'une comme l'autre, nous achetions des glaces du commerce, ainsi que d'autres aliments transformés, mais nous ne nous sentions pas bien au quotidien. Virpi avait des problèmes d'estomac et de peau et Tuulia a découvert qu'elle était cœliaque. Il y a 6 ans, nous avons pris la décision d'éliminer les produits laitiers, le gluten et les sucres raffinés de notre alimentation, que nous avons rendue plus naturelle. Nous avons toutes les deux senti une grosse différence dans notre quotidien et nous ne sommes jamais revenues en arrière.

Nous sommes toutes les deux des fans de glace et nous aimons nous faire plaisir avec des desserts glacés. Après notre prise de conscience, nous voulions nous assurer que ce que nous consommions était aussi naturel et sain que possible, pas comme ce que nous mangions jusque-là.

Nous avons alors commencé à créer des alternatives saines et nous avons été ravies de constater qu'elles étaient encore meilleures que les versions traditionnelles dont nous avions l'habitude. Nous avons vite découvert que les fruits, les différents laits végétaux et les noix donnent des glaces parfaites. Le lait de coco est une base onctueuse, fantastique ; les noix ajoutent une touche crémeuse qui vous fera fondre ; les sucres naturels comme le sirop d'érable et les fruits rouges sont bien meilleurs que n'importe quel sucre raffiné. Un autre avantage ? Chaque recette que nous avons créée ne nécessite que peu d'ingrédients et est rapide à préparer ! Même pas besoin de sorbetière. Dès que nous avons commencé à manger ces glaces, il n'était plus question de revenir en arrière.

Nous nous sommes tellement amusées (et avons mangé tellement de bonnes choses !) en préparant nos glaces véganes que nous avons décidé de mettre notre passion en commun et de créer un guide pour préparer de bonnes glaces végétales et saines. Un livre réunissant toutes nos recettes préférées, comme la glace façon cheesecake à la fraise, le sundae au chocolat ou les sandwiches glacés menthe-chocolat. Nous avons décidé d'en faire un e-book afin de le partager avec nos lecteurs et pour notre plus grand plaisir, ce guide a connu un grand succès et s'est transformé en véritable livre (que vous avez entre les mains) avant même que nous nous en rendions compte.

Pourquoi « N'Ice Cream » ? Parce que toutes les recettes sont sans gluten, sans sucre raffiné, sans produits laitiers et la plupart sont crues. Ces recettes correspondent également à un mode de vie végane, un mode de vie respectueux, car il s'agit de prendre soin de son corps comme de l'environnement et des animaux. En préparant ces recettes, vous êtes « Nice », « bons ». C'est aussi simple que ça !

Ce livre a été créé pour tous les amoureux de glaces, comme pour ceux qui veulent se faire plaisir sans culpabiliser et qui aiment les aliments naturels riches en goût. Au fil des pages, vous découvrirez plus de 80 recettes, toutes réalisées à partir d'ingrédients purs et naturels. Pas d'ingrédients bizarres, uniquement des ingrédients non transformés ou très peu transformés qui vous feront vous sentir bien. Avec ces recettes, vous ouvrirez un nouveau chapitre de votre amour pour les glaces et vous réapprendrez le sens de l'expression « se faire plaisir ».

Nous espérons que vous trouverez de nombreuses idées de glaces et d'expériences culinaires grâce à ce livre. Bienvenue dans le monde de N'Ice Cream ! Nous vous souhaitons un séjour agréable et espérons que vous vous ferez beaucoup de nouveaux amis glacés !

— VIRPI ET TUULIA

> *Sans crèmes glacées, il n'y aurait que ténèbres et chaos.*
> **—Don Kardong**

BASES POUR FAIRE DES GLACES VÉGANES : LES INGRÉDIENTS

Nous pensons que tout le monde a le droit de profiter de petits plaisirs sucrés sans ensuite se sentir mal. C'est pour cette raison que nous n'avons choisi que des ingrédients sains et de qualité pour nos recettes. En préparant vos glaces avec ces ingrédients, vous vous régalerez en ayant la conscience tranquille, un estomac heureux et un esprit bienveillant !

Vous trouverez ci-dessous la liste des ingrédients que nous utilisons le plus souvent, mais ne soyez pas surpris(e) si vous trouvez quelques ingrédients secrets au fil des pages !

BASES

Il est important d'avoir une bonne base lors de la confection de votre glace. Voici quelques bases véganes crémeuses aux saveurs plutôt neutres pour débuter.

LAIT DE COCO

Le lait de coco entier (non allégé) est une base parfaite. Il est crémeux et s'associe bien aux autres saveurs. Ne craignez pas d'en utiliser, même si vous n'aimez pas la noix de coco : associé à d'autres ingrédients, comme le chocolat ou les fruits, le goût de noix de coco est très subtil.

Pour obtenir une texture crémeuse, conservez les boîtes de lait de coco au réfrigérateur. Cela permet à la crème de se séparer de l'eau. Utilisez alors seulement la crème épaisse et blanche. Vous pouvez conserver l'eau restante afin de l'utiliser dans vos smoothies, par exemple. Lorsque vous achetez du lait de coco, choisissez celui qui contient une proportion importante de noix de coco, car il donnera plus de crème.

UN CONSEIL !

Si vous avez envie de partir à l'aventure, essayez donc de faire du lait de coco maison ! Vous trouverez une recette de *Lait de coco maison* à la page 49.

LAITS VÉGÉTAUX

Les laits de noix, de riz ou d'avoine représentent de bonnes bases et ils apportent un bon goût et du crémeux. Essayez avec les différents types de laits et utilisez vos préférés !

BANANES SURGELÉES

C'est l'ingrédient parfait pour des glaces faciles ! Il suffit de mixer des bananes surgelées pour obtenir aussitôt une glace à la banane ! Il vaut mieux privilégier les bananes mûres (voire même trop mûres, avec des taches noires), car elles apporteront davantage de douceur et de goût. En plus de la glace à la banane, elles peuvent aussi être ajoutées à n'importe quelle préparation de glace afin de donner du crémeux et un goût plus sucré. Lorsque vous congelez vos bananes, n'oubliez pas de les éplucher et de les couper en tranches avant de les mettre au congélateur, car il est difficile de découper une banane entière congelée. Nous avons en permanence des bananes dans nos congélateurs afin de pouvoir confectionner toutes sortes de douceurs !

AVOCATS

Les avocats donnent une texture incroyablement riche et crémeuse aux glaces et fonctionnent particulièrement bien avec le chocolat, ou même seul, avec un peu d'édulcorant et d'épices.

NOIX ET GRAINES

Lorsque vous avez envie de glaces vraiment crémeuses et magiques, utilisez des noix en ingrédient principal. Les noix de macadamia, les noix de cajou ou les amandes préalablement trempées ajoutent vraiment du crémeux. Vous pouvez aussi aller plus vite en utilisant du beurre de noix comme du beurre de cacahuète ou d'amande.

POUR LES ALLERGIQUES AUX NOIX :

Si vous êtes allergique aux noix, les recettes qui n'en contiennent pas ou qui peuvent être adaptées sont signalées par le symbole **SN** comme « Sans Noix ».

Vous pouvez aussi remplacer les beurres de noix par du beurre de graines, tout aussi délicieux. Dans certaines recettes, nous utilisons des graines de chanvre ou de sésame, qui sont nutritives, savoureuses et qui offrent une texture plus dense.

ÉDULCORANTS

Je crois que nous sommes tous d'accord pour dire que les glaces doivent être sucrées. Mais à la place du sucre raffiné, nous préférons utiliser des édulcorants naturels, meilleurs pour notre organisme. Essayez-les donc !

SIROP DE COCO

Le sirop de coco (ou sirop de fleur de coco) est fait à partir du nectar des fleurs de cocotier et possède une saveur très agréable, proche du caramel.

SIROP D'ÉRABLE

Le sirop d'érable sert dans de nombreuses recettes. Il possède une saveur riche qui va à merveille avec les glaces. Quand vous achetez du sirop d'érable, assurez-vous qu'il soit pur, vous ne voulez pas d'un sirop avec du sucre ajouté ou des ingrédients artificiels ! Nous préférons le sirop de grade B qui a un goût plus prononcé et qui est délicieux sur la glace.

Parmi les autres sirops à essayer, on trouve le sirop de riz et le sirop de glucose. Leurs saveurs spécifiques marchent bien avec les desserts glacés.

STÉVIA NATURELLE

La stévia naturelle est extraite directement de la plante et se trouve sous forme liquide ou en poudre. La stévia ne contient pas de sucre, mais elle a un goût très prononcé, ce qui en fait une bonne option pour ceux qui veulent ajouter un goût sucré à leur glace sans augmenter la quantité de sucre.

FRUITS ET FRUITS ROUGES FRAIS

C'est l'ingrédient clé pour des glaces maison vraiment savoureuses. En plus d'être délicieux et naturellement sucrés, ils sont également bons pour vous ! Choisissez n'importe quel fruit rouge que vous aimez, associez-lui du lait de coco, une touche d'édulcorant, et vous obtiendrez une délicieuse base de glace. Choisissez vos fruits bien mûrs, ils auront plus de goût et de douceur.

Notre fruit préféré est la datte fraîche : nous aimons surtout les dattes Medjool, très juteuses.

FRUITS SECS ET FRUITS ROUGES SÉCHÉS

Les dattes, figues, abricots et raisins secs, séchés sans dioxyde de soufre, représentent de bons édulcorants. Parfois, nous les écrasons en purée que nous incorporons aux glaces, pour davantage de texture et un bon goût sucré. Quand nous voulons ajouter une touche de caramel et du croquant, nous utilisons des mûres blanches séchées (mulberries), un super-aliment savoureux.

UN CONSEIL !

Nous avons tous des goûts différents en matière de sucre, vous pouvez (et devez !) goûter votre préparation en cuisinant pour trouver le niveau de sucre qui plaira à vos papilles.

PARFUMS

Les épices pures et naturelles comme les herbes aromatiques donnent de la vie à vos glaces et les rendent encore plus délicieuses ! Soyez courageux et essayez donc nos préférées, que vous trouverez ici.

VANILLE

La vanille est une des épices les mieux adaptées aux glaces. Nous aimons utiliser l'extrait naturel de vanille obtenu à partir des grains de vanille, qui a une saveur puissante. Attention cependant de ne pas trop en mettre. Nous utilisons aussi de la vanille en poudre, une poudre noire obtenue à partir des gousses de vanille. Un quart de cuillère à café de poudre de vanille correspond à la moitié d'une gousse. Pour les recettes de ce livre, vous pouvez utiliser de l'extrait de vanille, de la vanille en poudre ou des grains d'une gousse fraîche.

CACAO

Nous aimons le chocolat, comme vous le verrez en feuilletant cet ouvrage. Pour un goût bien chocolaté, nous utilisons de la poudre de chocolat cru, obtenue en pressant à froid des fèves de cacao non torréfiées. Elle est riche en nutriments et en antioxydants. Si vous n'en trouvez pas, vous pouvez utiliser du cacao non sucré à la place. En plus du cacao, nous utilisons du grué de cacao dans nos recettes. Ce sont des éclats de fèves de cacao riches en goût. On peut les utiliser en garniture ou les mélanger dans la glace pour donner du croquant.

Vous pouvez aussi utiliser des pépites de chocolat cru ou de chocolat noir à la place du cacao cru si vous le souhaitez.

NOIX DE COCO RÂPÉE, SÉCHÉE OU EN COPEAUX

La noix de coco existe sous diverses formes. Nous aimons utiliser la chair de coco (séchée ou non) dans nos recettes. Vous pouvez acheter de la noix de coco séchée en magasin ou prélever la chair d'une noix de coco mûre si vous en trouvez. La noix de coco séchée a de gros de morceaux, la noix de coco râpée est très fine et les copeaux sont entre les deux. Utilisez ce que vous préférez ou ce que vous trouvez plus facilement, mais choisissez toujours de la noix de coco sans sucre ajouté.

MATCHA EN POUDRE

Le matcha, un thé vert japonais, est un ingrédient de plus en plus populaire grâce à son parfum et ses bienfaits pour la santé. La poudre de matcha est riche en antioxydants. Essayez-la dans notre délicieuse recette de la page 73.

RÉGLISSE

C'est un parfum de bonbon bien connu, mais c'est aussi une épice naturelle qui est parfaite dans les glaces. Sa saveur est très riche. Vous la trouverez en poudre, extraite de la racine et si vous souhaitez une saveur encore plus riche, utilisez la poudre issue de l'extrait de racine de réglisse. Vous trouverez ces ingrédients en magasin bio ou sur internet.

HERBES FRAÎCHES

Nous adorons ajouter des herbes aromatiques dans nos glaces : basilic, thym, romarin, la liste est longue ! Ces saveurs vont à merveille avec la douceur onctueuse de la glace. La menthe fraîche est un incontournable pour la glace à la menthe, mais vous pouvez aussi utiliser de la menthe poivrée fraîche pour un goût plus piquant.

ÉPICES

Nous adorons ajouter des épices dans nos recettes : elles intensifient vraiment les saveurs. Nous choisissons toujours des épices naturelles et bio, aussi pures que possible. Parmi nos épices préférées, vous trouverez la cannelle, la cardamome et le gingembre. Lorsque vous achetez de la cannelle, assurez-vous de bien choisir de la cannelle de Ceylan (la « vraie » cannelle), qui vient du Sri Lanka. Elle offre de nombreux bienfaits pour la santé et ne contient qu'une quantité négligeable de coumarine, un composé néfaste pour la santé, que l'on trouve en plus grande quantité dans la cannelle de Chine. Côté épices, les mélanges chaï, pain d'épices et tarte au potiron sont aussi très intéressants.

MATIÈRES GRASSES

Si vous voulez une glace vraiment crémeuse, ajoutez des matières grasses de qualité ! C'est l'ingrédient clé quand il s'agit de jouer sur la texture et de limiter la consistance granuleuse de la glace. Voici nos préférées :

BEURRE DE COCO

Ce beurre est épais et crémeux et il est issu de la chair de la noix de coco. Nous l'utilisons parfois à la place des noix pour donner une texture plus crémeuse.

HUILE DE COCO EXTRA-VIERGE

C'est un ingrédient fantastique dans les glaces véganes. Liquide quand elle est chauffée, ce qui la rend facile à incorporer aux préparations, elle durcit en refroidissant, ce qui permet de donner à la glace une texture plus ferme.

BEURRE DE CACAO CRU

Le beurre de cacao cru provient de l'huile extraite de la fève du cacaotier, il a une saveur douce et agréable de cacao. Il est particulièrement adapté à la préparation des gâteaux, dont il rend la texture plus ferme.

BEURRE DE NOIX, D'AMANDE ET DE GRAINES

Comme nous l'avons dit en début de chapitre, les noix et les graines sont de très bons ingrédients pour les glaces véganes. Pour encore plus de crémeux, incorporez votre beurre de noix préféré, ou du beurre de graines si vous êtes intolérant ou allergique aux fruits à coque. Tous ces beurres agrémentent à merveille les desserts glacés.

ÉPAISSISSANT

Différents types d'épaississants peuvent être utilisés pour améliorer la texture des glaces véganes. Ils ne sont pas indispensables, mais ils donnent une préparation plus crémeuse et onctueuse en liant mieux les ingrédients entre eux. Voici quelques épaississants à tester :

ARROW-ROOT

Cette fécule est extraite de la plante du même nom. C'est un très bon épaississant pour tout type de préparation et tout particulièrement la glace !

TAPIOCA

Cette fécule vient de la racine de manioc (ou cassava). Elle est sans gluten et donne une bonne texture et viscosité aux pâtisseries. Testez-la dans les *Cônes et coupelles en gaufrette sans gluten* de la page 197 !

GRAINES DE CHIA

Les graines de chia donnent un gel épais une fois mélangées à l'eau et peuvent ainsi se substituer aux œufs en cuisine. C'est un des ingrédients clés de nos gaufres maison.

BASES POUR FAIRE DES GLACES VÉGANES : LES INGRÉDIENTS

COMMENT FAIRE DES GLACES MAISON

Il est très facile de faire de la glace maison, selon différentes techniques. Vous trouverez ici une présentation de ces méthodes, avec et sans sorbetière.

MATÉRIEL

Blender puissant ou robot ménager : nous vous conseillons d'avoir dans votre cuisine un blender puissant ou un robot, car ces appareils sont incroyablement pratiques pour préparer toute sorte de recettes. Ils sont aussi indispensables pour faire des glaces maison, car ils vous permettront de mixer rapidement et facilement de délicieuses préparations.

Récipient hermétique allant au congélateur : vous aurez bien besoin de conserver vos glaces dans quelque chose ! Le fait qu'il y ait un couvercle permettra d'éviter la formation de cristaux.

Moules à bâtonnets : sympa pour faire des glaces à l'eau.

Sorbetière : c'est un bon investissement pour faire des glaces plus crémeuses, mais il est tout à fait possible de faire de délicieuses glaces sans. (Voir les conseils page 16-18)

Ce livre : heureusement, vous l'avez !

COMMENT FAIRE DES GLACES MAISON SANS SORBETIÈRE

Une de nos missions est de prouver que la préparation de glace est simple, cool et facile ! C'est pour cela que nous vous proposons de nombreuses recettes de glaces express. Comme leur nom l'indique, ce sont des glaces que vous pouvez préparer et manger aussitôt. Il vous suffira d'avoir des ingrédients surgelés à disposition ainsi qu'un blender ou un robot. Pour les glaces qui ne sont pas « express » et nécessitent une préparation, vous pourrez tout de même les faire sans sorbetière, juste dans votre congélateur. Il suffit de mélanger la préparation plusieurs fois pendant la congélation pour obtenir une glace crémeuse et onctueuse.

GLACES EXPRESS

MÉTHODE AU BLENDER

N'utilisez que des ingrédients surgelés et mixez-les au blender ou au robot jusqu'à ce que la préparation soit lisse et onctueuse. Vous aurez peut-être besoin de racler les parois du blender ou du robot plusieurs fois pour obtenir une texture parfaite. Vous pouvez aussi ajouter quelques cuillères de lait végétal pour faciliter le mixage. Servez aussitôt.

GLACES NÉCESSITANT UNE PRÉPARATION

MÉTHODE « MIXÉ-CONGELÉ »

Préparez la glace comme indiqué dans la recette, versez la préparation dans un récipient hermétique adapté et placez dans le congélateur. Toutes les 30 minutes, raclez les bords du contenant et mélangez rapidement la préparation, cela vous permettra d'obtenir une texture crémeuse parfaite. Laissez la glace décongeler 10 à 15 minutes avant de servir. Notez que cette méthode donnera tout de même plus de cristaux à la glace que si vous la préparez avec une sorbetière, qui mélange la préparation en permanence et la rend très onctueuse.

MÉTHODE GLAÇONS

Préparez la glace comme indiqué dans la recette choisie. Versez-la dans un moule à glaçons et congelez. Une fois que les glaçons ont pris, mixez-les dans un blender puissant ou un robot jusqu'à obtenir une glace onctueuse et homogène. Ajoutez une touche de lait de coco, ou d'un autre lait végétal, si nécessaire pour mixer plus facilement. Servez aussitôt.

MÉTHODE BÂTONNETS

Préparez la glace et versez-la dans des moules à bâtonnets. Insérez les bâtonnets dans les moules afin que plus de la moitié du bâtonnet soit dans la glace. Congelez 4 à 6 heures, ou jusqu'à ce que ce soit dur. Quand les glaces sont prêtes, passez les moules sous l'eau chaude ou trempez-les dans un bol d'eau chaude pour les démouler plus facilement.

UN CONSEIL !

Vous pouvez utiliser des petites cuillères à la place des bâtonnets.

COMMENT FAIRE DES GLACES MAISON AVEC UNE SORBETIÈRE

Même si toutes les recettes de ce livre peuvent être réalisées sans, une sorbetière est un bon investissement si vous êtes un grand amateur de glace. Cela vous permettra d'obtenir des glaces crémeuses et sans cristaux plus rapidement.

QUELQUES CONSEILS !

N'oubliez pas de mettre le bloc ou le bol de la sorbetière au congélateur comme indiqué par le fabricant.

Avant de turbiner la glace, vérifiez que la préparation est froide, ou au moins tiède. Si elle vous parait chaude, réfrigérez-la quelques heures ou toute une nuit, jusqu'à ce qu'elle soit froide. Vous ne pourrez pas faire une bonne glace si la préparation est chaude.

Ne remplissez pas trop le bol de la sorbetière ou le contenant que vous utilisez, remplissez aux deux tiers seulement.

Lorsqu'elle est prête, la glace a, en général, la texture d'une glace à l'italienne. Pour nous, c'est le meilleur moment pour la savourer. Si vous préférez une glace plus ferme ou si vous souhaitez la servir plus tard, congelez-la dans un récipient refermable jusqu'à ce qu'elle soit dure et laissez-la ramollir 10 à 15 minutes avant de servir.

COMMENT CONSERVER LA GLACE

Conservez vos glaces dans un récipient hermétique au congélateur et consommez-les dans la semaine (même si nous sommes certaines qu'elles disparaitront en quelques secondes). Notez que la texture des glaces maison véganes est très différente de celles du commerce. Elles deviendront beaucoup plus dures après congélation, car elles ne contiennent pas d'additifs et elles contiennent aussi moins de sucre (le sucre garde la glace crémeuse). Si la glace est restée longtemps au congélateur, il faudra la laisser ramollir un moment (15 minutes au moins) avant de servir. Les glaces maison sont toujours meilleures quand elles sont dégustées le jour même.

QUELQUES BONS CONSEILS

Ajoutez un peu de matière grasse. Cela vous aidera à obtenir cette texture riche, crémeuse et décadente dont vous rêvez. Le lait de coco entier, les noix et les beurres de noix sont de bons ingrédients à rajouter.

Utilisez un édulcorant liquide. Quand il s'agit de glace, les meilleurs édulcorants sont les sirops : ils donnent moins de cristaux.

Trouvez la bonne épaisseur. Vous pouvez enrichir la texture de votre glace en utilisant de l'arrow-root ou un autre épaississant. Les beurres de noix et de graines marchent aussi très bien !

RESTEZ FRAIS !

Assurez-vous que tous les ingrédients sont froids, ou au moins frais, avant de les mixer et de les surgeler, cela évitera d'avoir une texture granuleuse.

COUVREZ-LA !

Couvrez le saladier ou le récipient dans lequel vous surgelez la glace pour éviter la formation de cristaux.

On ne doit jamais prendre une envie de glace à la légère.

– Betsy Cañas Garmon

GLACES CRÉMEUSES

Ces glaces crémeuses vont vous faire fondre comme une boule de glace un jour d'été.

Bâtonnets crémeux fraise-chocolat	26	Glace au caramel et au toffee	42	Glace fraise-rhubarbe	61
Stracciatella à la noix de coco	29	Glace au chocolat blanc et aux framboises	46	Glace à la noix de cajou, enrobage chocolat cru	62
Bâtonnets crémeux au tahin	30	Glace vanille crémeuse	49	Glace à la banane rôtie	65
Rêve d'avocat et d'amande	33	Glace au popcorn caramélisé	50	Glace menthe-chocolat	66
Bâtonnets façon tarte aux myrtilles	34	Glace rose et cerise	53	Glace à la pistache	69
Glace amande-chocolat-vanille	37	Glace façon cheesecake à la fraise	54	Glace à la fraise	70
Glace avocat-menthe aux pépites de chocolat	38	Bâtonnets au chocolat enrobés de chocolat blanc	57	Bâtonnets matcha et chocolat blanc	73
Glace chocolat-avocat	41	Glace au sésame noir et à la réglisse	58	Glace datte et cannelle	74
				Glace rhum-raisin	78

GLACES CRÉMEUSES

POUR 4 GLACES

BÂTONNETS CRÉMEUX FRAISE-CHOCOLAT SN

Une rencontre de grands classiques : la glace à la fraise et la glace au chocolat. Ça marche à tous les coups !

Glace chocolat :

2 grosses bananes

2 c. à s. bombées de beurre de cacahuète ou de beurre de coco

2 c. à s. de cacao cru ou de cacao non sucré

2 c. à s. de grué de cacao cru

Glace fraise :

1 boîte de 400 ml de lait de coco entier (placée au réfrigérateur toute la nuit)

½ c. à c. de vanille en poudre

2 c. à s. de sirop de coco ou d'un autre édulcorant de votre choix

½ tasse de fraises, découpées en petits morceaux

Mixez les bananes, le beurre de cacahuète et le cacao dans un blender. Ajoutez le grué de cacao et mélangez délicatement. Versez la préparation dans un saladier et réservez.

Ouvrez la boîte de lait de coco et récupérez la crème de coco qui est sur le dessus. Versez dans un saladier, et ajoutez la vanille et le sirop de coco. Incorporez délicatement les fraises.

Versez successivement des couches de glace au chocolat puis des couches de glace à la fraise dans les moules. Ajoutez les bâtonnets et congelez 4 à 6 heures, jusqu'à ce que ce soit ferme. Sortez les glaces en plaçant les moules quelques secondes dans un bol d'eau chaude. Servez et dégustez !

POUR 4 GLACES

STRACCIATELLA À LA NOIX DE COCO

Cette version sans produits laitiers de la crémeuse stracciatella est aussi bonne que l'originale, tout en étant rafraîchissante.

¾ de tasse de noix de cajou crues (trempées pendant une nuit ou au moins 4 heures)

1 boîte de 400 ml de lait de coco entier

3 à 4 c. à s. de sirop d'érable ou d'un autre édulcorant

1 c. à c. d'extrait de vanille

⅓ de tasse (70 g) de chocolat cru ou de chocolat noir

Rincez et égouttez les noix de cajou puis mettez-les dans le blender avec le lait de coco, le sirop d'érable et la vanille. Mixez jusqu'à ce que ce soit crémeux et onctueux. Goûtez et ajoutez davantage de vanille ou d'édulcorant si nécessaire.

AVEC UNE SORBETIÈRE :

Versez la préparation dans la sorbetière et suivez les instructions du fabricant. Pendant que la sorbetière travaille, faites fondre le chocolat dans une petite casserole sur feu doux. Juste avant que la glace soit prête, versez le chocolat fondu. Il se cassera en petits copeaux.

Servez aussitôt ou transférez dans un contenant allant au congélateur, couvrez et congelez jusqu'au moment de servir. Laissez la glace ramollir 10 à 15 minutes avant de servir.

SANS SORBETIÈRE :

Découpez le chocolat en petits morceaux. Versez la préparation dans un saladier allant au congélateur, incorporez le chocolat et congelez pendant 3 heures environ, en mélangeant bien toutes les 30 minutes. Servez dans des bols et savourez !

GLACES CRÉMEUSES

POUR 6 GLACES

BÂTONNETS CRÉMEUX AU TAHIN SN

Si vous aimez le tahin, vous allez adorer ces bâtonnets. L'alliance de la saveur légèrement salée du tahin et de la douceur de la banane et du sirop d'érable est merveilleuse.

- 2 boîtes de 400 ml de lait de coco entier (réfrigérées toute une nuit)
- 1 banane mûre
- 2 c. à s. de tahin
- 2 c. à s. de sirop d'érable ou d'un autre édulcorant
- ½ c. à c. d'extrait de vanille

Ouvrez les boîtes de lait de coco, récupérez à la cuillère la crème blanche et épaisse et versez-la dans le blender. Ajoutez la banane, le tahin, le sirop d'érable et la vanille et mixez jusqu'à ce que ce soit onctueux. Goûtez et ajoutez davantage de tahin si vous le souhaitez. Versez la préparation dans les moules. Ajoutez les bâtonnets et congelez 4 à 6 heures jusqu'à ce que les glaces soient fermes. Sortez les glaces en trempant les moules quelques secondes dans de l'eau chaude. Servez et dégustez !

POUR 6 PERSONNES

RÊVE D'AVOCAT ET D'AMANDE

Nous disons que c'est une glace « de beauté », car elle est riche en amandes et en avocat, deux de nos ingrédients beauté préférés. Vous vous sentirez forcément comme une déesse en dégustant cette glace !

2 avocats mûrs, en dés

2 ⅓ tasses (580 ml) de lait d'amande non sucré (ou d'un autre lait végétal)

3 c. à s. de purée d'amande

6 à 8 dattes fraîches, dénoyautées

3 c. à s. de sirop d'érable ou d'un autre édulcorant

1 c. à c. d'extrait de vanille

Mélangez les avocats, le lait d'amande, le beurre d'amande, les dattes, le sirop d'érable et la vanille dans le blender et mixez jusqu'à obtention d'une préparation onctueuse. Elle devrait être épaisse et très crémeuse. Si elle est trop épaisse, ajoutez un peu de lait d'amande, mais faites attention à ne pas trop liquéfier la préparation. Goûtez et ajoutez davantage de sirop d'érable si nécessaire.

AVEC UNE SORBETIÈRE :

Versez la préparation dans la sorbetière et suivez les instructions du fabricant. Servez aussitôt ou transférez dans un récipient allant au congélateur, et congelez jusqu'au moment de servir. Laissez la glace ramollir 10 à 15 minutes avant de déguster.

SANS SORBETIÈRE :

Versez la préparation dans un bol allant au congélateur, et congelez pendant 3 heures environ, en mélangeant bien toutes les 30 minutes. Servez dans des bols et savourez !

GLACES CRÉMEUSES

POUR 6 BÂTONNETS

BÂTONNETS FAÇON TARTE AUX MYRTILLES SN

Quand vous avez envie de tarte aux myrtilles, mais que vous n'avez pas envie de faire de la pâtisserie, faites donc de la glace !

1 boîte de 400 ml de lait de coco entier (réfrigérée toute une nuit)

½ tasse (120 ml) de myrtilles fraîches plus une poignée pour les moules

2 à 4 c. à s. de sirop d'érable ou d'un autre édulcorant

½ c. à c. d'extrait de vanille

1 c. à c. de cardamome

Ouvrez la boîte de lait de coco, récupérez à la cuillère la crème blanche et épaisse et versez dans le blender. Ajoutez les myrtilles, le sirop d'érable, la vanille et la cardamome, et mixez jusqu'à ce que ce soit onctueux. Goûtez et ajoutez de la vanille, du sirop d'érable ou des épices si nécessaire. Versez une petite quantité de crème de myrtilles dans les moules, ajoutez quelques myrtilles fraîches, et répartissez le reste de la préparation par-dessus. Ajoutez les bâtonnets et congelez 4 à 6 heures jusqu'à ce que les glaces soient fermes.

Sortez les glaces en trempant les moules quelques secondes dans de l'eau chaude. Servez et dégustez !

GLACES CRÉMEUSES

POUR 4 PERSONNES

GLACE AMANDE-CHOCOLAT-VANILLE

Dans cette glace décadente, la richesse du chocolat est parfaitement équilibrée par la subtilité de la vanille.

Glace chocolat :

2 bananes surgelées

3 c. à s. de cacao cru ou de cacao non sucré

2 c. à s. bombées de beurre d'amande

1 petite poignée d'amandes

1 c. à s. de sirop de riz (ou d'un autre édulcorant)

1 c. à c. d'extrait de vanille

2 c. à s. de grué de cacao cru

Tourbillon de vanille :

1 boîte de 400 ml de lait de coco entier (placée au réfrigérateur toute la nuit)

1 c. à c. d'extrait de vanille

1 c. à s. de sirop de riz (ou d'un autre édulcorant)

Mélangez les bananes, le cacao, le beurre d'amande, les amandes et un peu d'eau dans le blender. Mixez jusqu'à obtention d'une préparation onctueuse. Attention, n'ajoutez pas trop d'eau : il ne faut pas que la préparation soit trop liquide, car cela donnerait une glace granuleuse avec des cristaux. Ajoutez le sirop de riz, la vanille et le grué de cacao. Mélangez délicatement.

Pour faire le tourbillon de vanille, ouvrez la boîte de lait de coco et récupérez la crème de coco qui est sur le dessus. Versez dans un bol, incorporez la vanille et le sirop de riz et réservez au frais.

AVEC UNE SORBETIÈRE :

Versez la préparation dans la sorbetière et suivez les instructions du fabricant. Quand la glace est presque prête, incorporez délicatement la crème à la vanille. Servez aussitôt ou transvasez dans un récipient allant au congélateur, couvrez et congelez jusqu'au moment de servir. Laissez la glace ramollir pendant 10 à 15 minutes avant de déguster.

SANS SORBETIÈRE :

Versez la préparation dans un bol allant au congélateur, et congelez pendant 3 heures environ, en mélangeant bien toutes les 30 minutes. Lorsque la glace est presque prête, incorporez délicatement la crème à la vanille. Répartissez dans des bols et dégustez !

GLACES CRÉMEUSES

POUR 4 À 6 PERSONNES

GLACE AVOCAT-MENTHE AUX PÉPITES DE CHOCOLAT SN

Les avocats confèrent une délicieuse saveur à la glace à la menthe et une poignée de pépites de chocolat rend cette glace encore plus sympa à déguster.

2 boîtes de 400 ml de lait de coco entier (placées au réfrigérateur toute la nuit)

2 avocats mûrs, en dés

5 à 7 c. à s. de sirop de riz ou d'un autre édulcorant

1 c. à c. d'extrait de menthe poivrée

1 grosse poignée de feuilles de menthe fraîche

¼ de tasse (60 ml) de grué de cacao cru, de pépites de chocolat sans sucre ou de chocolat cru râpé

Ouvrez les boîtes de lait de coco et récupérez la crème de coco qui est sur le dessus. Versez-la dans le blender. Ajoutez les avocats, le sirop de riz, l'extrait de menthe poivrée, la menthe fraîche et mixez jusqu'à ce que ce soit onctueux. Ajoutez le grué de cacao et incorporez-le à la cuillère.

AVEC UNE SORBETIÈRE :

Versez la préparation dans la sorbetière et suivez les instructions du fabricant. Servez aussitôt ou transférez dans un récipient allant au congélateur, et congelez jusqu'au moment de servir. Laissez la glace ramollir 10 à 15 minutes avant de déguster.

SANS SORBETIÈRE :

Versez la préparation dans un bol allant au congélateur, et congelez pendant 3 heures environ, en mélangeant bien toutes les 30 minutes. Servez dans des bols et savourez !

POUR 4 À 6 PERSONNES

GLACE CHOCOLAT-AVOCAT SN

Il ne suffit que de quelques cuillères de cacao pour obtenir une glace riche et crémeuse au chocolat. Bravo l'avocat !

2 boîtes de 400 ml de lait de coco entier (placées au réfrigérateur toute la nuit)

2 avocats mûrs, en dés

5 à 7 c. à s. de sirop d'érable ou d'un autre édulcorant

4 à 5 c. à s. de cacao en poudre cru ou non sucré

1 c. à c. d'extrait de vanille

Ouvrez les boîtes de lait de coco et récupérez la crème de coco qui est sur le dessus. Transférez dans le blender. Ajoutez le reste des ingrédients et mixez jusqu'à ce que ce soit onctueux. Goûtez et ajoutez du sirop d'érable ou du cacao si vous le souhaitez.

AVEC UNE SORBETIÈRE :

Versez la préparation dans la sorbetière et suivez les instructions du fabricant. Servez aussitôt ou transférez dans un récipient allant au congélateur, congelez jusqu'au moment de servir. Laissez la glace à température ambiante 10 à 15 minutes avant de servir.

SANS SORBETIÈRE :

Versez la préparation dans un bol allant au congélateur et congelez pendant 3 heures environ, en mélangeant bien toutes les 30 minutes. Servez dans des bols et savourez !

GLACE AU CARAMEL ET AU TOFFEE

POUR 4 PERSONNES

Si vous aimez le toffee qui colle aux dents, essayez donc cette recette : le toffee au beurre de noix va à merveille avec la glace au caramel !

Du *Toffee de Vanelja* (recette page 45)

2 boîtes de 400 ml de lait de coco entier (placées au réfrigérateur toute la nuit)

½ tasse (120 ml) de beurre de cacahuète

½ tasse (120 ml) de dattes fraîches, dénoyautées

2 c. à s. d'huile de coco extra-vierge fondue

½ c. à c. de vanille en poudre

2 c. à s. d'arrow-root ou 1 c. à c. de fécule de tapioca

Du sirop de coco, pour servir

Préparez d'abord le toffee. Pendant qu'il prend au réfrigérateur, préparez la glace.

Ouvrez les boîtes de lait de coco, prélevez la crème de coco qui est sur le dessus et versez-la dans le blender. Ajoutez le beurre de cacahuète, les dattes, l'huile de coco, la vanille et l'arrow-root dans le bol du blender et mixez jusqu'à ce que ce soit onctueux.

AVEC UNE SORBETIÈRE :

Versez la préparation dans la sorbetière et suivez les instructions du fabricant. Servez aussitôt ou transférez dans un contenant allant au congélateur, couvrez et congelez jusqu'au moment de servir. Laissez la glace à température ambiante 10 à 15 minutes avant de déguster. Nappez de sirop de coco et de morceaux de toffee : bon appétit !

SANS SORBETIÈRE :

Versez la préparation dans un bol allant au congélateur, et congelez pendant 3 heures environ, en mélangeant bien toutes les 30 minutes. Servez dans des bols, arrosez de sirop de coco, ajoutez le toffee et dégustez !

GLACES CRÉMEUSES

Ces bonbons sont hautement addictifs !

TOFFEE DE VANELJA

1 tasse (240 ml) de sirop de coco

1 tasse (240 ml) de beurre d'amande ou d'un autre beurre de noix

Une pincée de sel de mer

Recouvrez une plaque de pâtisserie ou une assiette avec du papier cuisson. Réservez.

Faites chauffer le sirop de coco dans une petite casserole sur feu moyen en mélangeant sans cesse, jusqu'à ce que la préparation commence à mousser. Continuez à mélanger quelques minutes puis réduisez la puissance du feu et incorporez le beurre d'amande.

Mélangez jusqu'à ce que la préparation commence à épaissir légèrement et retirez aussitôt du feu. Versez la préparation sur la plaque et lissez la surface avec un couteau ou une spatule. Parsemez de fleur de sel, laissez refroidir et prendre au réfrigérateur pendant 1 heure. Découpez le toffee en petits morceaux à l'aide d'un couteau.

POUR 4 PERSONNES

GLACE AU CHOCOLAT BLANC ET AUX FRAMBOISES

La combinaison magique du chocolat blanc avec la fraîcheur des framboises vous éblouira, faites-nous confiance.

¾ de tasse de noix de cajou crues (trempées pendant une nuit ou au moins 4 heures)

1 boîte de 400 ml de lait de coco entier

½ tasse (120 ml) de beurre de cacao cru râpé

3 c. à s. de sirop d'érable ou d'un autre édulcorant

1 c. à c. d'extrait de vanille

1 tasse de framboises (fraîches ou surgelées)

Rincez et égouttez les noix de cajou puis mettez-les dans le blender avec le lait de coco, le beurre de cacao, le sirop d'érable et la vanille. Mixez jusqu'à ce que ce soit crémeux et lisse. Goûtez et ajoutez de la vanille ou du sirop d'érable si nécessaire.

AVEC UNE SORBETIÈRE :

Versez la préparation dans la sorbetière et suivez les instructions du fabricant. Juste avant que la glace soit prête, incorporez les framboises. Servez aussitôt ou transférez dans un récipient allant au congélateur, et congelez jusqu'au moment de servir. Laissez la glace ramollir 10 à 15 minutes avant de servir.

SANS SORBETIÈRE :

Versez la préparation dans un bol allant au congélateur, incorporez les framboises et congelez 3 heures au moins, en mélangeant toutes les 30 minutes. Répartissez dans des bols et dégustez !

GLACES CRÉMEUSES

🍴 POUR 4 PERSONNES

GLACE VANILLE CRÉMEUSE

La glace vanille est un grand classique que tout le monde aime, nous les premières ! Elle est parfaite toute seule, mais aussi accompagnée de fruits rouges frais ou de n'importe quelle garniture du chapitre Garnitures (page 180).

¾ de tasse (180 ml) de noix de cajou crues (trempées toute une nuit)

1 boîte de 400 ml de lait de coco entier ou une recette de lait de coco maison (recette page suivante)

3 à 4 c. à s. de sirop d'érable ou d'un autre édulcorant

1 c. à c. d'extrait de vanille

Égouttez et rincez les noix de cajou et mettez-les dans le bol du blender avec le lait de coco, le sirop d'érable et la vanille. Mixez jusqu'à obtention d'une préparation onctueuse. Goûtez et ajoutez davantage de sirop d'érable si vous le souhaitez.

AVEC UNE SORBETIÈRE :

Versez la préparation dans la sorbetière et suivez les instructions du fabricant. Servez aussitôt ou transférez dans un récipient allant au congélateur, couvrez et congelez jusqu'au moment de servir. Pensez à sortir la glace du congélateur 10 à 15 minutes avant de déguster.

SANS SORBETIÈRE :

Versez la préparation dans un bol allant au congélateur et congelez 3 heures environ, en mélangeant toutes les 30 minutes. Servez dans des bols, et savourez !

UN CONSEIL !

Utilisez de la vanille en poudre plutôt que de l'extrait de vanille, pour avoir les petits grains noirs typiques. Vous pouvez même faire votre lait de coco maison avec notre recette ultra simple !

Oui, vous pouvez faire un délicieux lait de coco à la maison et le transformer en glace !

LAIT DE COCO MAISON SN

🍴 POUR 4 PERSONNES

2 noix de coco brunes

3 à 4 tasses (environ 1 litre) d'eau de coco ou d'eau

1 c. à c. d'extrait de vanille (optionnel)

Percez un des « yeux » de la noix de coco à la perceuse ou avec un couteau pointu. Versez l'eau de coco dans un bol. Fendez ensuite la noix de coco en la couvrant avec un torchon avant de l'éclater avec un marteau. Prélevez la chair de la noix de coco au couteau et mettez-la dans le blender. Ajoutez l'eau de coco et mixez. Versez la préparation dans un sac à lait de noix ou une étamine et filtrez en pressant bien la pulpe. Vous pourrez conserver ce lait jusqu'à 1 semaine au réfrigérateur.

POUR 4 PERSONNES

GLACE AU POPCORN CARAMÉLISÉ SN

Une touche de sel, le croquant du popcorn, le crémeux de la glace… Attention, glace hautement addictive !

1 tasse (240 ml) de popcorn éclaté dans de l'huile de coco et refroidi, plus 1 tasse pour le service

1 boîte de 400 ml de lait de coco entier (placée au réfrigérateur toute la nuit)

1 tasse (240 ml) de lait d'avoine (ou d'un autre lait végétal)

5 dattes fraîches, dénoyautées

2 c. à s. de beurre de coco

2 c. à s. d'arrow-root

1 c. à c. d'extrait de vanille

De la *Sauce caramel* pour servir (page 182)

Mélangez le popcorn, le lait de coco, le lait d'avoine, les dattes, le beurre de coco, l'arrow-root et la vanille dans le blender. Mixez jusqu'à ce que ce soit lisse et onctueux.

AVEC UNE SORBETIÈRE :

Versez la préparation dans la sorbetière et suivez les instructions du fabricant. Servez aussitôt ou transférez dans un récipient allant au congélateur, et congelez jusqu'au moment de servir. Laissez la glace ramollir à température ambiante 10 à 15 minutes avant de déguster.

SANS SORBETIÈRE :

Versez la préparation dans un bol allant au congélateur et congelez 3 heures environ, en mélangeant bien toutes les 30 minutes. Formez des boules, répartissez dans les coupelles, parsemez de popcorn et nappez de sauce caramel. Servez et dégustez !

GLACE ROSE ET CERISE

POUR 4 PERSONNES

Les cerises comme les roses sont de bons aphrodisiaques, ce qui fait de cette glace un bon dessert pour un dîner en amoureux. C'est la plus romantique des glaces !

2 bananes surgelées

2 tasses (480 ml) de lait d'amande non sucré ou de lait de coco

2 c. à s. de beurre de coco fondu ou d'huile de coco extra-vierge

1 c. à c. d'extrait de vanille

1 tasse (240 ml) de cerises fraîches, dénoyautées

1 c. à c. d'eau de rose

1 c. à s. de sirop de riz ou d'un autre édulcorant

Mélangez les bananes, le lait d'amande, le beurre de coco et la vanille dans le blender et mixez jusqu'à obtention d'une préparation onctueuse. Versez environ un tiers de la préparation dans un bol et mettez au réfrigérateur. Ajoutez les cerises, l'eau de rose et le sirop à la préparation restante et mixez jusqu'à ce que ce soit onctueux.

AVEC UNE SORBETIÈRE :

Versez la préparation dans la sorbetière et suivez les instructions du fabricant. Quand la glace est presque prête, versez le tiers de glace prélevé précédemment dans la sorbetière. Servez aussitôt ou transférez dans un contenant allant au congélateur, couvrez et congelez jusqu'au moment de servir. Pensez à sortir la glace du congélateur 10 à 15 minutes avant de déguster.

SANS SORBETIÈRE :

Versez la préparation dans un bol allant au congélateur et incorporez la préparation du réfrigérateur prélevée précédemment. Congelez 3 heures environ, en mélangeant bien toutes les 30 minutes. Répartissez la glace dans les coupelles, servez, et dégustez !

GLACES CRÉMEUSES

POUR 4 PERSONNES

GLACE FAÇON CHEESECAKE À LA FRAISE

Voilà un dessert parfait pour une journée ensoleillée ! Le cheesecake à la fraise est un classique de l'été qui rêve de se transformer en glace.

1 ½ tasse (360 ml) de fraises fraîches, lavées et équeutées

1 banane

1 tasse (240 ml) de lait d'amande non sucré (ou d'un autre lait végétal)

1 c. à c. d'extrait de vanille

1 c. à s. de beurre de cajou ou d'un autre beurre de noix ou de graines

1 tasse (240 ml) de noix de cajou

3 c. à s. d'arrow-root

1 recette de *Crumble* (page 186)

Hachez ¼ de tasse (60 ml) des fraises en petits morceaux et réservez. Mettez le reste des fraises, la banane, le lait d'amande, la vanille, le beurre de cajou, les noix de cajou et l'arrow-root dans le blender et mixez jusqu'à ce que ce soit onctueux. Goûtez et ajoutez davantage d'édulcorant ou de vanille si nécessaire. Incorporez le reste des fraises.

AVEC UNE SORBETIÈRE :

Versez la préparation dans la sorbetière et suivez les instructions du fabricant.

SANS SORBETIÈRE :

Versez la préparation dans un bol allant au congélateur et congelez pendant 3 heures environ, en mélangeant bien toutes les 30 minutes.

Quand la glace est prête, formez des boules et roulez-les dans le crumble. Servez et dégustez !

POUR 4 PERSONNES

BÂTONNETS AU CHOCOLAT ENROBÉS DE CHOCOLAT BLANC

Ces bâtonnets doublement chocolatés ont un cœur mystérieux caché sous un bel habit blanc. Venez donc rencontrer ces charmeurs et préparez-vous à tomber amoureux !

2 bananes mûres

3 c. à s. de purée d'amande ou un d'autre beurre de noix ou de graines

3 c. à s. de cacao cru ou de cacao non sucré

1 c. à c. d'extrait de vanille

½ tasse (120 ml) de lait d'amande non sucré (ou d'un autre lait végétal)

De la *Sauce au chocolat blanc* (page 182)

Mélangez tous les ingrédients à l'exception de la sauce au chocolat blanc dans le blender et mixez jusqu'à obtention d'une préparation onctueuse. Versez la préparation dans les moules, ajoutez les bâtonnets et congelez 4 à 6 heures, jusqu'à ce que ce soit ferme.

Habillez une plaque à pâtisserie avec du papier cuisson et réservez.

Quand les glaces ont pris, démoulez-les (vous pouvez tremper les moules dans de l'eau chaude pour faciliter le démoulage) et enrobez-les avec la *Sauce au chocolat blanc*. Déposez-les sur la plaque chemisée et remettez-les au congélateur quelques minutes pour que le chocolat blanc prenne. Servez et dégustez !

GLACES CRÉMEUSES

POUR 4 PERSONNES

GLACE AU SÉSAME NOIR ET À LA RÉGLISSE SN

Les graines de sésame noir torréfiées et la réglisse donnent tout son caractère à cette glace, ainsi que son impressionnante couleur noire.

½ tasse (120 ml) de graines de sésame noir

2 boîtes de 400 ml de lait de coco entier (placées au réfrigérateur toute la nuit)

1 tasse (240 ml) de lait d'amande non sucré (ou d'un autre lait végétal)

3 à 5 c. à s. de réglisse en poudre ou de bâton de réglisse râpé

⅓ de tasse (80 ml) de sirop de coco ou d'un autre édulcorant

3 c. à s. d'arrow-root

1 c. à c. d'extrait de vanille

Faites griller à sec les graines de sésame dans une poêle, mettez dans le blender et laissez refroidir quelques minutes.

Ouvrez les boîtes de lait de coco et récupérez la crème de coco qui est sur le dessus. Versez-la dans le blender. Ajoutez les ingrédients restants dans le blender et mixez jusqu'à obtention d'une préparation onctueuse.

AVEC UNE SORBETIÈRE :

Versez la préparation dans la sorbetière et suivez les instructions du fabricant. Servez aussitôt ou transférez dans un récipient allant au congélateur, et congelez jusqu'au moment de servir. Laissez la glace ramollir 10 à 15 minutes avant de déguster.

SANS SORBETIÈRE :

Versez la préparation dans un bol allant au congélateur et congelez pendant 3 heures environ, en mélangeant bien toutes les 30 minutes. Servez dans des bols, et savourez !

UN CONSEIL !

Vous trouverez la poudre de réglisse en magasin bio ou sur internet.

POUR 4 PERSONNES

GLACE FRAISE-RHUBARBE SN

La rhubarbe annonce l'arrivée de l'été et elle est délicieuse telle quelle. Mais si en plus, on l'associe à la fraise et à la noix de coco … là, ça sent les vacances au paradis.

- 2 grosses tiges de rhubarbe
- 1 boîte de 400 ml de lait de coco entier (placée au réfrigérateur toute la nuit)
- 1 c. à s. de beurre de noix de cajou ou de beurre de coco
- 1 c. à s. d'huile de coco extra-vierge
- 3 c. à s. de sirop de coco ou d'un autre édulcorant de votre choix
- ½ c. à c. d'extrait de vanille
- 1 tasse (240 ml) de fraises fraîches, émincées

Découpez la rhubarbe en petits morceaux. Ouvrez la boîte de lait de coco et prélevez la crème de coco qui est sur le dessus. Versez-la dans le blender. Ajoutez la rhubarbe, le beurre de noix de cajou, l'huile de coco, le sirop de coco, la vanille et ½ tasse (120 ml) de fraises. Mixez jusqu'à ce que ce soit lisse et onctueux. Goûtez et ajoutez davantage d'édulcorant si vous le souhaitez.

AVEC UNE SORBETIÈRE :

Versez la préparation dans la sorbetière et suivez les instructions du fabricant. Juste avant que la glace soit prête, incorporez les fraises mises de côté. Servez aussitôt ou transférez dans un contenant allant au congélateur, couvrez et congelez jusqu'au moment de servir. Laissez la glace ramollir pendant 10 à 15 minutes avant de servir.

SANS SORBETIÈRE :

Versez la préparation dans un bol allant au congélateur et congelez 3 heures environ, en mélangeant bien toutes les 30 minutes. Juste avant que la glace soit prête, incorporez les fraises mises de côté.

Formez des boules, servez dans des coupelles et savourez !

GLACES CRÉMEUSES

POUR 4 PERSONNES

GLACE À LA NOIX DE CAJOU, ENROBAGE CHOCOLAT CRU

Qui peut dire non à une glace type Magnum ? Et pourquoi se le refuser d'ailleurs, quand on peut faire ces glaces si facilement avec de délicieux ingrédients ?

1 boîte de 400 ml de lait de coco entier (placée au réfrigérateur toute la nuit)

2 c. à s. de beurre de noix de cajou

2 c. à s. de sirop d'érable ou d'un autre édulcorant

½ c. à c. de vanille en poudre

Enrobage chocolat

½ tasse de beurre de cacao cru

2 c. à s. d'huile de coco extra-vierge

3 c. à s. de sirop d'érable ou d'un autre édulcorant

5 c. à s. de cacao cru

Ouvrez la boîte de lait de coco et récupérez la crème de coco qui est sur le dessus. Versez-la dans le blender. Ajoutez le beurre de noix de cajou, le sirop d'érable et la vanille et mixez jusqu'à ce que ce soit onctueux. Goûtez et ajoutez davantage de sirop d'érable si vous le souhaitez. Versez dans les moules à glace, ajoutez les bâtonnets et congelez 4 à 6 heures jusqu'à ce que les glaces soient fermes.

Habillez une plaque à pâtisserie avec du papier cuisson et réservez.

Pour faire l'enrobage au chocolat, faites fondre le beurre de cacao et l'huile de coco dans une petite casserole sur feu moyen. Retirez du feu, ajoutez le sirop d'érable et le cacao en poudre et mélangez jusqu'à obtenir une préparation lisse. Goûtez et ajoutez du sirop d'érable ou du cacao si vous le souhaitez. Versez dans un bol ou une tasse.

Sortez les glaces du congélateur. Démoulez-les et trempez chaque bâtonnet rapidement dans l'enrobage au chocolat. Déposez-les sur la plaque chemisée et remettez au congélateur le temps que l'enrobage prenne. Servez et dégustez !

GLACES CRÉMEUSES

POUR 6 PERSONNES

GLACE À LA BANANE RÔTIE SN

Si vous n'avez jamais essayé la banane rôtie, vous allez vous régaler. La douceur naturelle des bananes est encore plus forte quand vous les faites rôtir. Si vous aimez les saveurs sucrées et crémeuses, il y a fort à parier que cette glace deviendra votre nouvelle meilleure amie.

5 bananes très mûres

2 c. à c. de cannelle moulue

½ tasse (120 ml) de lait de coco entier

1 ½ tasse (360 ml) de lait d'amande non sucré (ou d'un autre lait végétal)

1 c. à c. d'extrait de vanille

½ tasse (120 ml) de grué de cacao cru ou de chocolat cru râpé

Du sirop d'érable, pour servir

Préchauffez le four à 175 °C. Habillez une plaque de pâtisserie avec du papier cuisson et réservez.

Découpez les bananes et tronçons de 2 à 3 cm et répartissez-les sur la plaque chemisée. Saupoudrez de cannelle et enfournez 30 minutes, en retournant à mi-cuisson, jusqu'à ce que les bananes soient dorées et tendres. Sortez la plaque du four et laissez refroidir complètement, 30 à 45 minutes.

Mélangez les bananes, le lait de coco, le lait d'amande et la vanille dans le blender et mixez jusqu'à obtenir une préparation onctueuse. Goûtez et ajoutez davantage de cannelle ou un peu d'édulcorant si vous le souhaitez. Incorporez le grué de cacao et mélangez à la cuillère.

AVEC UNE SORBETIÈRE :

Versez la préparation dans la sorbetière et suivez les instructions du fabricant. Servez aussitôt ou transférez dans un récipient allant au congélateur, et congelez jusqu'au moment de servir. Laissez la glace ramollir 10 à 15 minutes. Répartissez les boules de glace dans des coupelles, arrosez de sirop d'érable et servez.

SANS SORBETIÈRE :

Versez la préparation dans un bol allant au congélateur et congelez pendant 3 heures environ, en mélangeant bien toutes les 30 minutes. Servez dans des bols, arrosez de sirop d'érable et dégustez !

POUR 4 PERSONNES

GLACE MENTHE-CHOCOLAT

Une glace crémeuse au chocolat avec juste une touche de menthe poivrée. Simple et élégant.

1 ½ tasse (360 ml) de noix de macadamia

2 tasses (480 ml) de lait d'amande non sucré ou de lait de coco entier

2 c. à s. d'huile de coco extra-vierge fondue

5 dattes fraîches, dénoyautées

5 c. à s. de cacao cru ou de cacao non sucré

1 c. à c. d'extrait de vanille

Quelques gouttes d'extrait de menthe poivrée ou 5 grandes feuilles de menthe poivrée fraîche

Versez tous les ingrédients dans le bol du blender et mixez jusqu'à ce que ce soit onctueux.

AVEC UNE SORBETIÈRE :

Versez la préparation dans la sorbetière et suivez les instructions du fabricant. Servez aussitôt ou transférez dans un récipient allant au congélateur, et conservez au congélateur jusqu'au moment de servir. Laissez la glace ramollir 10 à 15 minutes avant de la servir.

SANS SORBETIÈRE :

Versez la préparation dans un bol allant au congélateur et congelez pendant 3 heures environ, en mélangeant bien toutes les 30 minutes. Servez dans des bols, et dégustez !

POUR 6 PERSONNES

GLACE À LA PISTACHE

Vous cherchez une glace festive et délicieuse ? Cette glace riche et crémeuse a tout pour vous plaire. Une bouchée, et vous en redemanderez !

1 ½ tasse (360 ml) de pistaches émondées

1 ½ tasse (360 ml) de lait de coco entier

1 ½ tasse (360 ml) de lait d'amande non sucré (ou d'un autre lait végétal)

6 dattes fraîches, dénoyautées

½ c. à c. d'extrait de vanille

3 à 4 c. à s. de sirop d'érable ou d'un autre édulcorant

Mettez les pistaches dans le blender (ou utilisez un robot pour cette étape) et mixez en poudre fine. Ajoutez tous les autres ingrédients et mixez jusqu'à ce que ce soit onctueux. Goûtez et ajoutez davantage de sirop d'érable si vous le souhaitez.

AVEC UNE SORBETIÈRE :

Versez la préparation dans la sorbetière et suivez les instructions du fabricant. Servez aussitôt ou transférez dans un récipient allant au congélateur, couvrez et conservez au congélateur jusqu'au moment de servir. Laissez la glace ramollir à température ambiante 10 à 15 minutes avant de déguster.

SANS SORBETIÈRE :

Versez la préparation dans un bol allant au congélateur et congelez pendant 3 heures environ, en mélangeant bien toutes les 30 minutes. Servez dans des bols et dégustez !

GLACES CRÉMEUSES

POUR 4 PERSONNES

GLACE À LA FRAISE SN

Cette glace simple façon yaourt glacé est dédiée à la fraise. Plus il y en a, mieux c'est !

- 1 boîte de 400 ml de lait de coco entier (placée au réfrigérateur toute la nuit)
- 2 tasses (480 ml) de fraises fraîches, équeutées et découpées en morceaux
- 3 à 4 c. à s. de sirop d'érable ou d'un autre édulcorant

Ouvrez la boîte de lait de coco, prélevez la crème de coco qui est sur le dessus et versez-la dans le blender. Ajoutez les fraises et le sirop d'érable, mixez jusqu'à ce que ce soit onctueux. Goûtez et ajoutez davantage de sirop d'érable si nécessaire.

AVEC UNE SORBETIÈRE :

Versez la préparation dans la sorbetière et suivez les instructions du fabricant. Servez aussitôt ou transférez dans un récipient allant au congélateur, couvrez et conservez au congélateur jusqu'au moment de servir. Laissez la glace ramollir 10 à 15 minutes avant de la servir.

SANS SORBETIÈRE :

Versez la préparation dans un bol allant au congélateur et congelez pendant 3 heures environ, en mélangeant bien toutes les 30 minutes. Servez dans des bols, et dégustez !

N'ICE CREAM

N'ICE CREAM

POUR 4 À 6 PERSONNES

BÂTONNETS MATCHA ET CHOCOLAT BLANC

Ces bâtonnets crémeux sont délicieusement (et puissamment !) riches en matcha, parfaits pour tous les amoureux du thé vert. Pour les rendre encore plus exceptionnels, enrobez-les d'une couche de chocolat blanc cru.

½ tasse (120 ml) de noix de macadamia

1 boîte de 400 ml de lait de coco entier

1 c. à c. de matcha

1 à 2 c. à s. de sirop d'érable ou d'un autre édulcorant

½ c. à c. d'extrait de vanille

De la *Sauce au chocolat blanc* (page 182) pour enrober

Mélangez tous les ingrédients à l'exception de la sauce au chocolat blanc et mixez jusqu'à ce que ce soit onctueux. Goûtez et ajoutez davantage de sirop d'érable ou de matcha si vous le souhaitez. Versez dans les moules, ajoutez les bâtonnets et congelez 4 à 6 heures jusqu'à ce que ce soit ferme.

Habillez une plaque à pâtisserie de papier cuisson.

Quand les bâtonnets glacés sont durs, sortez-les du congélateur. Démoulez en passant les moules sous l'eau chaude quelques secondes. Rapidement, trempez chaque bâtonnet glacé dans la sauce au chocolat blanc pour l'enrober. Déposez-les sur la plaque chemisée et mettez le tout au congélateur pour que l'enrobage prenne. Servez et dégustez !

POUR 2 PERSONNES

GLACE DATTE ET CANNELLE SN

La chaleur de la cannelle dans cette glace délicatement sucrée à la datte est à la fois douce et réconfortante.

Tourbillon de dattes :

8 dattes fraîches, dénoyautées

2 c. à s. d'huile de coco extra-vierge

5 c. à s. d'eau

½ c. à c. d'extrait de vanille

Une pincée de sel de mer

Crème de coco :

1 ½ tasse (360 ml) de noix de coco râpée ou la chair d'une noix de coco brune

3 c. à s. d'huile de coco extra-vierge fondue

Glace :

1 boîte de 400 ml de lait de coco entier

2 c. à c. de cannelle moulue

3 dattes fraîches, dénoyautées

½ c. à c. de vanille en poudre

Pour faire le tourbillon de dattes, mélangez tous les ingrédients au blender et mixez jusqu'à ce que ce soit onctueux. Ajoutez un peu plus d'eau si nécessaire pour obtenir la consistance d'une sauce caramel onctueuse. Réservez.

Pour faire la crème de coco, mixez la noix de coco râpée au blender ou au robot. Mixez jusqu'à ce qu'une pâte se forme. Ajoutez alors l'huile de coco et mixez jusqu'à obtention d'une crème lisse. (Si vous n'avez pas un blender très puissant, vous pouvez acheter de la crème de coco.)

(La recette continue page 77)

GLACES CRÉMEUSES

Pour faire la glace, versez 1 tasse (240 ml) de Crème de coco, le lait de coco, la cannelle, les dattes et la vanille dans le blender et mixez jusqu'à obtention d'une préparation onctueuse. Ajoutez la sauce aux dattes à la cuillère et mélangez délicatement.

AVEC UNE SORBETIÈRE :

Versez la préparation dans la sorbetière et suivez les instructions du fabricant. Servez aussitôt ou transférez dans un contenant allant au congélateur, couvrez et congelez jusqu'au moment de servir. Répartissez dans des bols et dégustez !

SANS SORBETIÈRE :

Versez la préparation dans un bol allant au congélateur et congelez 3 heures environ, en mélangeant bien toutes les 30 minutes. Servez dans des bols et dégustez !

UN CONSEIL !

Vous pouvez remplacer la *Crème de coco* maison en mettant 1 boîte de 400 ml de lait de coco entier au réfrigérateur toute une nuit et en récupérant la crème épaisse et blanche qui se trouvera sur le dessus. Si vous voulez faire plus simple, vous pouvez aussi omettre le tourbillon de dattes et incorporer directement toutes les dattes dans la préparation de la glace.

POUR 4 PERSONNES

GLACE RHUM-RAISIN SN

Cette glace riche au chocolat, parfumée de raisins secs marinés dans le rhum est un véritable délice pour adulte.

- 2 c. à s. de liqueur d'amande (ou d'une autre liqueur)
- 5 c. à s. de rhum
- 3 c. à s. de raisins secs biologiques
- 3 bananes, épluchées, coupées en tranches et congelées pendant une nuit ou 4 heures au moins
- 1 ½ c. à s. de cacao cru ou de cacao non sucré
- 1 c. à c. d'extrait de vanille
- 1 c. à s. de sirop de coco ou d'un autre édulcorant de votre choix
- 3 c. à s. de grué de cacao

Versez la liqueur d'amande et le rhum dans une petite casserole et portez à ébullition. Retirez du feu, ajoutez les raisins et laissez mariner 4 heures minimum ou toute la nuit.

Mettez les bananes dans le blender et mixez jusqu'à ce qu'elles soient bien écrasées et continuez jusqu'à ce que les bananes se transforment en une crème onctueuse, en raclant les parois du blender si nécessaire. Incorporez les raisins, le cacao, la vanille et le sirop de coco et mixez jusqu'à ce que ce soit onctueux et lisse. Incorporez le grué de cacao et mélangez à la cuillère. Répartissez dans des bols, et dégustez !

UN CONSEIL !

Si la glace fond trop vite pendant que vous mixez, vous pouvez la faire durcir au congélateur quelques minutes avant de servir.

GLACES EXPRESS

Pour les envies de glace qui ne peuvent pas attendre, essayez donc ces recettes express !

Glace à la banane	82	Glace à la myrtille et son nappage chocolat blanc-cardamome	97	Glace vanille-cassis	109
Sundae au moka	85			Granité détox	110
Glace framboise-réglisse	86	Sundae coco	98	Sorbet mangue-melon	113
Sundae rêve chocolaté	89	Glace pain d'épices et patate douce	101	Glace à l'italienne caramel-airelles en bol d'avoine	114
Glace façon brioche à la cannelle	90	Sorbet aux fruits rouges	102		
Délice de framboises	93	Bombes choco-vanille	105		
Délice des tropiques mangue-passion	94	Sundae menthe et pépites de chocolat	106		

POUR 1 PERSONNE

GLACE À LA BANANE SN

Pour une glace rapide et facile, vous n'avez qu'à mettre quelques bananes congelées dans votre blender, les mixer et déguster ! N'ayez plus peur des bananes trop mûres qui noircissent : épluchez-les, découpez-les en tronçons, mettez-les au congélateur et attendez d'avoir une envie de glace !

RECETTE BASIQUE DE GLACE À LA BANANE

2 bananes surgelées

2 à 3 c. à s. de lait d'amande sans sucre ajouté (ou d'un autre lait végétal), si nécessaire

¼ de c. à c. d'extrait de vanille

GLACE BANANE-FRAISE

1 banane surgelée

1 tasse (240 ml) de fraises surgelées

2 à 3 c. à s. de lait d'amande sans sucre ajouté (ou d'un autre lait végétal), si nécessaire

GLACE BANANE-CHOCOLAT

2 bananes surgelées

2 à 3 c. à s. de lait d'amande sans sucre ajouté (ou d'un autre lait végétal), si nécessaire

1 ½ c. à s. de cacao cru ou de cacao en poudre non sucré

1 c. à s. de sirop de coco ou d'un autre édulcorant de votre choix

Épluchez les bananes et découpez-les en tranches. Placez-les dans un récipient hermétique et congelez 4 heures au moins, ou toute une nuit.

Mettez les bananes (et éventuellement les autres fruits) dans le blender et mixez jusqu'à obtenir une glace onctueuse, en raclant les parois du blender si nécessaire. Si la glace est trop épaisse, ajoutez du lait d'amande pour obtenir la consistance voulue. Ajoutez les parfums et les édulcorants, si vous en utilisez, et mixez jusqu'à ce que ce soit homogène.

Répartissez dans des bols et dégustez !

POUR 2 PERSONNES

SUNDAE AU MOKA

Même si vous n'êtes pas un(e) adepte du café, vous devez absolument essayer ce délicieux sundae. Ses saveurs crémeuses et riches sont incroyables.

1 tasse (240 ml) de noix de cajou

½ tasse (120 ml) de lait d'amande sans sucre ajouté (ou d'un autre lait végétal)

3 bananes surgelées

3 c. à s. de purée d'amande

1 c. à s. de café instantané, plus pour la décoration

De la *Chantilly de coco* (page 185) pour décorer, optionnel

Du grué de cacao, pour décorer

Mettez les noix de cajou dans le blender et mixez en poudre fine. Ajoutez alors le lait d'amande et mixez jusqu'à ce que ce soit homogène. Ajoutez les bananes, le beurre d'amande, le café instantané et mixez jusqu'à ce que ce soit onctueux.

Répartissez dans des coupelles, nappez de *Chantilly de coco* (si vous en utilisez), saupoudrez de café instantané et de grué de cacao et dégustez !

POUR 2 PERSONNES

GLACE FRAMBOISE-RÉGLISSE SN

Le goût subtil de la réglisse rend cette glace unique et tout à fait addictive !

- 1 boîte de 400 ml de lait de coco entier (placée au réfrigérateur toute la nuit)
- ½ tasse (120 ml) de framboises surgelées
- 1 banane surgelée
- 3 dattes fraîches, dénoyautées
- ½ c. à c. d'extrait de vanille
- 1 à 2 c. à c. de réglisse en poudre
- De la *Crème de réglisse* (recette ci-après)
- Une poignée de framboises pour servir

Ouvrez la boîte de lait de coco, prélevez la crème de coco qui est sur le dessus et versez-la dans le blender. Ajoutez les framboises surgelées, la banane, les dattes, la vanille et la poudre de réglisse. Mixez jusqu'à ce que ce soit onctueux, en raclant les parois du blender si nécessaire. Goûtez et ajoutez davantage de réglisse si vous le souhaitez. Servez dans des bols, nappez de *Crème de réglisse* et parsemez de framboises.

Savourez !

CRÈME DE RÉGLISSE

- 6 dattes fraîches, dénoyautées
- 2 c. à s. de sirop d'érable
- ¾ de tasse (180 ml) de lait d'amande sans sucre ajouté ou d'un autre lait végétal
- 2 à 3 c. à c. de réglisse en poudre

Hachez les dattes. Versez tous les ingrédients dans le bol du blender et mixez jusqu'à obtention d'une préparation onctueuse. Goûtez et ajoutez davantage de réglisse si vous le souhaitez.

POUR 2 PERSONNES

SUNDAE RÊVE CHOCOLATÉ SN

Nous avons tous des envies de chocolat qui nous assaillent par moment et avoir cette recette en stock permet de répondre à ces situations d'urgence.

1 boîte de 400 ml de lait de coco entier (placée au réfrigérateur toute la nuit)

2 bananes surgelées

2 à 3 c. à s. de cacao cru ou de cacao non sucré

1 c. à s. de purée d'amande ou d'un autre beurre de noix ou de graines

1 à 2 c. à s. de sirop d'érable ou un autre édulcorant

½ c. à c. d'extrait de vanille

De la *Chantilly de coco* (page 185) pour servir

De la *Sauce chocolat* (page 182) pour servir

Des cerises, pour servir

Ouvrez la boîte de lait de coco et récupérez la crème de coco qui est sur le dessus. Transférez dans le blender. Ajoutez les bananes, le cacao, le beurre d'amande, le sirop d'érable et la vanille et mixez jusqu'à ce que ce soit onctueux en raclant les parois du blender si nécessaire. Goûtez et ajoutez davantage de sirop d'érable ou de cacao si vous le souhaitez.

Répartissez dans des bols, décorez de *Chantilly de coco*, de *Sauce chocolat*, de cerises et dégustez !

POUR 2 PERSONNES

GLACE FAÇON BRIOCHE À LA CANNELLE

Les brioches roulées à la cannelle sont comme un câlin géant. Il n'y a donc pas plus réconfortant que cette glace quand vous voulez de la tendresse et de l'amour !

¼ de tasse (60 ml) d'amandes

¼ de tasse (60 ml) de noix de pécan

1 c. à c. de cannelle

½ c. à c. de cardamome moulue

5 dattes fraîches, dénoyautées

¼ de tasse (60 ml) d'eau

3 bananes surgelées

3 c. à s. de lait de coco

1 c. à c. d'extrait de vanille

Mélangez les amandes, les noix de pécan, la cannelle et la cardamome dans un blender et mixez jusqu'à obtenir une poudre fine. Ajoutez 1 datte et mixez jusqu'à ce que la préparation commence à s'amalgamer.

Prélevez la moitié de cette préparation dans un bol et réservez. Ajoutez alors les dattes restantes et l'eau dans le blender et mixez jusqu'à obtenir une crème lisse. Versez cette crème à la cannelle dans un autre bol et réservez.

Lavez et essuyez le blender. Mixez les bananes, le lait de coco et la vanille au blender, jusqu'à ce que ce soit onctueux. Transférez la glace dans un saladier et incorporez de la crème à la cannelle. Répartissez la glace dans des coupelles et parsemez avec le crumble à la cannelle que vous aviez réservé. Servez et savourez !

GLACES EXPRESS

POUR 1 PERSONNE

DÉLICE DE FRAMBOISES

Ce délice rose est facile à faire, rafraîchissant et tellement crémeux. Cette recette marche aussi bien avec d'autres fruits et fruits rouges !

1 banane surgelée

¾ de tasse (180 ml) de framboises surgelées

1 c. à s. de purée d'amande ou d'une d'autre purée ou de beurre d'oléagineux

1 c. à s. de sirop d'érable ou d'un autre édulcorant

2 à 3 c. à s. de lait d'amande sans sucre ajouté (ou d'un autre lait végétal), optionnel

Mettez les bananes, les framboises, la purée d'amande et le sirop d'érable dans le bol du blender et mixez jusqu'à obtenir une préparation lisse et onctueuse, en raclant les parois du blender quelques fois si nécessaire.

Si besoin, ajoutez le lait d'amande afin d'obtenir la bonne texture. Répartissez dans des bols, et dégustez !

POUR 2 PERSONNES

DÉLICE DES TROPIQUES MANGUE-PASSION

Quand il commence à faire frais et que les jours raccourcissent, quand vous êtes nostalgique des beaux jours à la plage, faites donc cette glace et offrez-vous des mini vacances express.

1 boîte de 400 ml de lait de coco entier (placée au réfrigérateur toute la nuit)

1 banane surgelée

1 tasse (240 ml) de mangue surgelée

½ c. à c. d'extrait de vanille

1 à 2 c. à s. de sirop de coco ou d'un autre édulcorant de votre choix

3 fruits de la passion

Des *Coupelles en chocolat* (page 194), pour servir (optionnel)

Ouvrez la boîte de lait de coco et récupérez la crème de coco qui est sur le dessus. Transférez dans le blender. Ajoutez les bananes, la mangue, la vanille et le sirop de coco et mixez jusqu'à ce que la préparation soit lisse, en raclant les parois si nécessaire. Goûtez et sucrez davantage si vous le souhaitez.

Mettez un fruit de la passion de côté pour décorer les bols et prélevez la pulpe des deux autres, que vous incorporerez à la cuillère à la préparation du blender. Servez la glace dans les *Coupelles en chocolat* ou des coupelles normales, recouvrez de pulpe de fruits de la passion et savourez !

POUR 2 PERSONNES

GLACE À LA MYRTILLE ET SON NAPPAGE CHOCOLAT BLANC-CARDAMOME SN

Cette recette est simple à réaliser, réjouissante et pleine de saveurs ! Nous aimons la préparer avec des myrtilles sauvages, qui sont riches en vitamines, mais vous pouvez bien sûr utiliser des myrtilles classiques. Et si vous souhaitez ajouter des saveurs nordiques, utilisez un peu de poudre de myrtilles sauvages !

½ tasse (120 ml) de lait de coco entier (d'une boîte placée au réfrigérateur toute la nuit)

2 bananes surgelées

⅔ de tasse (160 ml) de myrtilles sauvages ou classiques ou ⅔ de tasse (160 ml) de myrtilles classiques plus 1 c. à s. de poudre de myrtilles sauvages

½ c. à c. d'extrait de vanille

Un trait de sirop de coco ou d'un autre édulcorant, si nécessaire

Nappage chocolat blanc et cardamome

Ouvrez la boîte de lait de coco, prélevez une ½ tasse de la crème de coco épaisse qui se trouve en surface et mettez dans le blender. Ajoutez les bananes, les myrtilles, la vanille et mixez jusqu'à ce que ce soit onctueux. Goûtez et ajoutez davantage de sucre si vous le souhaitez. Servez aussitôt pour une texture façon glace à l'italienne ou versez dans un récipient à couvercle adapté et congelez 1 heure environ pour une glace plus ferme. Répartissez dans des bols, nappez de *Sauce chocolat blanc et cardamome* et savourez !

NAPPAGE CHOCOLAT BLANC ET CARDAMOME

½ tasse (120 ml) de beurre de cacao cru râpé

¼ de tasse (60 ml) de beurre de coco ou de beurre de noix de cajou ou ½ tasse (120 ml) de noix de cajou préalablement trempées

¼ de tasse (60 ml) de lait de coco entier

1 à 3 c. à s. de sirop de coco ou d'un autre édulcorant de votre choix

½ c. à c. d'extrait de vanille

½ c. à c. de cardamome moulue

Faites fondre le beurre de cacao dans une petite casserole sur feu moyen. Transvasez dans un blender, ajoutez les ingrédients restants et mixez jusqu'à ce que ce soit bien crémeux. Goûtez et ajoutez davantage d'édulcorant ou d'épices si vous le souhaitez.

UN MOT SUR LES MYRTILLES !

Les myrtilles sauvages viennent du nord de l'Europe, elles y poussent en forêt, surtout dans les pays scandinaves. Elles sont plus nutritives que les myrtilles classiques et leur goût est un peu plus intense. On trouve souvent des myrtilles sauvages surgelées dans les magasins biologiques, mais vous pouvez les remplacer par des myrtilles classiques.

POUR 2 PERSONNES

SUNDAE COCO

Les sundaes glacés ont un petit quelque chose de nostalgique. Cette version express du sundae vanille est incroyablement facile et tellement crémeuse... Et vous n'aurez besoin que de 5 ingrédients !

1 boîte de 400 ml de lait de coco entier (placée au réfrigérateur toute la nuit)

2 bananes surgelées

½ c. à c. d'extrait de vanille

1 c. à s. de sirop d'érable (optionnel)

De la *Sauce beurre de cacahuète-caramel* (recette ci-après) pour servir

Ouvrez la boîte de lait de coco et récupérez la crème de coco qui est sur le dessus. Transférez dans le blender. Ajoutez les bananes, la vanille et mixez jusqu'à ce que ce soit onctueux en raclant les parois du blender si nécessaire. Goûtez et ajoutez du sirop d'érable si vous le souhaitez. Répartissez dans des coupelles, nappez de *Sauce beurre de cacahuète-caramel* et savourez !

SAUCE BEURRE DE CACAHUÈTE-CARAMEL

1 c. à s. de beurre de cacahuète

1 c. à s. de sirop d'érable (ou un autre édulcorant)

2 c. à s. de lait d'amande sans sucre ajouté (ou d'un autre lait végétal)

Versez tous les ingrédients dans un petit bol et mélangez jusqu'à obtenir une sauce caramel épaisse.

GLACES EXPRESS

N'ICE CREAM

POUR 2 PERSONNES

GLACE PAIN D'ÉPICES ET PATATE DOUCE

Cela peut sembler étrange, mais la patate douce est une très bonne base pour faire des glaces. Nous adorons l'associer à la chaleur des épices à pain d'épices, pour une glace à tendance automnale. Notez que la patate douce ferait aussi une très bonne base pour une glace au chocolat crémeuse.

1 patate douce, cuite à la vapeur, écrasée en purée et congelée dans des bacs à glaçons ou 1 tasse de purée de patate douce surgelée

1 banane surgelée

4 dattes fraîches, dénoyautées

2 c. à s. de purée d'amande ou une autre purée ou beurre d'oléagineux

½ tasse (120 ml) de lait de coco entier

1 ½ c. à c. de cannelle

1 c. à c. de gingembre moulu

1 c. à c. de cardamome moulue

Versez tous les ingrédients dans le bol du blender et mixez jusqu'à ce que ce soit onctueux. Dégustez aussitôt comme une glace à l'italienne ou faites prendre 1 ou 2 heures au congélateur avant de servir.

POUR 2 PERSONNES

SORBET AUX FRUITS ROUGES SN

Cette recette joue double jeu : dessert, mais aussi dose de vitamines !

1 orange, épluchée, membranes blanches et pépins retirés

½ tasse (120 ml) de groseilles surgelées

1 tasse (240 ml) de fraises surgelées

¼ de tasse de groseilles fraîches, pour servir

Versez tous les ingrédients dans le bol du blender et mixez jusqu'à obtention d'un sorbet onctueux, en raclant les parois du blender quelques fois si nécessaire. Répartissez dans des coupelles à glace, accompagnez de groseilles et servez !

POUR 2 PERSONNES

BOMBES CHOCO-VANILLE

C'est un vrai miracle que quelque chose d'aussi parfait que ces glaces soit fait d'ingrédients naturels. Une véritable bombe de saveurs !

4 bananes surgelées

⅓ de tasse (80 ml) de lait d'amande sans sucre ajouté ou d'un autre lait végétal

2 dattes fraîches, dénoyautées

1 c. à c. d'extrait de vanille

2 à 3 c. à s. de cacao cru ou de cacao non sucré

2 c. à s. de beurre de cacahuète ou d'un autre beurre de noix, plus pour servir

Une pincée de sel de mer

Un trait de lait d'amande sans sucre ajouté, optionnel

Des fruits rouges frais, pour servir

Mélangez les bananes, le lait d'amande, les dattes et la vanille dans le blender. Mixez jusqu'à ce que ce soit bien crémeux, en raclant les parois du blender si nécessaire. Transvasez la moitié de la préparation dans un bol et réservez.

Incorporez le cacao cru, le beurre de cacahuète et le sel dans la deuxième moitié de la préparation et mixez jusqu'à ce que ce soit onctueux, en ajoutant un trait de lait d'amande, si nécessaire, pour obtenir une glace onctueuse. Versez les deux glaces dans les bols en alternant entre vanille et chocolat. Ajoutez un peu de beurre de cacahuète, des fruits rouges frais et savourez !

POUR 2 PERSONNES

SUNDAE MENTHE ET PÉPITES DE CHOCOLAT SN

Une envie de menthe qui n'attend pas ? Ce délice est prêt en quelques minutes !

1 boîte de 400 ml de lait de coco entier (placée au réfrigérateur toute la nuit)

2 bananes surgelées

¼ de c. à c. de spiruline, optionnel (pour la couleur)

1 c. à s. de sirop d'érable (ou d'un autre édulcorant)

Une poignée de menthe fraîche

Une petite goutte d'extrait de menthe poivrée

⅓ de tasse (80 ml) de grué de cacao cru ou de chocolat noir ou cru râpé

Ouvrez la boîte de lait de coco, prélevez la crème de coco qui est sur le dessus et versez-la dans le blender. Ajoutez les bananes, la spiruline si vous en utilisez, le sirop d'érable, la menthe fraîche et l'extrait de menthe poivrée. Mixez jusqu'à ce que ce soit onctueux, en raclant les parois du blender si nécessaire. Goûtez et ajoutez davantage de sirop d'érable ou de menthe si vous le souhaitez.

Ajoutez deux tiers du grué de cacao et incorporez-le délicatement à la cuillère. Répartissez dans des bols, parsemez avec le grué de cacao restant, et dégustez !

N'ICE CREAM

POUR 2 PERSONNES

GLACE VANILLE-CASSIS

Associez le cassis au lait de coco et à la banane et vous vous retrouverez avec un sacré dessert ! Mais ajoutez-y de la cardamome et de la vanille, et c'est encore autre chose !

1 tasse (240 ml) de cassis surgelés

1 banane surgelée

½ tasse (120 ml) de lait de coco entier

3 dattes fraîches, dénoyautées

1 c. à c. de vanille en poudre ou les graines d'une gousse de vanille

½ c. à c. de cardamome moulue

Versez tous les ingrédients dans le bol du blender et mixez jusqu'à ce que ce soit onctueux.

Servez et dégustez !

GLACES EXPRESS

POUR 2 PERSONNES

GRANITÉ DÉTOX

Ce sorbet super frais et sans sucre ajouté est parfait quand vous voulez quelque chose de rafraîchissant et sain. C'est le dessert détox numéro 1 !

- 3 concombres, épluchés, graines retirées et surgelés
- 1 pomme verte, détaillée en tranches et surgelée
- Le jus de 1 citron vert
- 3 feuilles de basilic frais
- Un trait de sirop de coco, ou d'un autre édulcorant, optionnel

Mettez les concombres, la pomme, le jus de citron vert et le basilic dans le blender. Mixez jusqu'à ce que la préparation ait la consistance d'un granité onctueux. Sucrez davantage si vous le souhaitez, servez et dégustez !

NOTE !

Vous pouvez aussi préparer ce granité avec des ingrédients frais : mixez-les au blender et passez ensuite la préparation à la sorbetière pendant 15 minutes.

POUR 2 PERSONNES

SORBET MANGUE-MELON SN

Nous sommes toujours épatées de voir que les fruits frais donnent des sorbets si crémeux. La mangue et le melon se marient à merveille dans cette recette, comme par magie !

½ melon épluché et surgelé

1 tasse (240 ml) de mangue surgelée

1 à 2 bananes surgelées

1 c. à s. de sirop de coco ou d'un autre édulcorant

Versez tous les ingrédients dans le bol du blender ou dans un robot ménager et mixez jusqu'à ce que ce soit onctueux. Vous pouvez aussi travailler en plusieurs fois, pour mixer plus facilement les ingrédients. Servez et dégustez !

GLACES EXPRESS

POUR 4 PERSONNES

GLACE À L'ITALIENNE CARAMEL-AIRELLES EN BOL D'AVOINE SN

Les airelles et les flocons d'avoine sont des ingrédients traditionnels de notre Finlande natale. Cette glace est donc une lettre d'amour à notre pays d'origine. Quand vous mariez ces deux saveurs tellement finnoises avec des ingrédients plus exotiques, vous obtenez alors un dessert simple et savoureux, avec une touche de gaieté et de pureté.

1 ½ tasse (360 ml) d'airelles surgelées, plus pour le service

2 bananes surgelées

2 c. à s. de sirop de riz (ou d'un autre édulcorant)

½ tasse (120 ml) de lait de coco entier (d'une boîte placée au réfrigérateur toute la nuit)

½ c. à c. de vanille en poudre

Des *Bols d'avoine* (page 190) pour servir

Une recette de *Sauce caramel* (page 182) pour servir

Mélangez les airelles, les bananes, le sirop de riz, le lait de coco et la vanille dans le blender et mixez jusqu'à ce que ce soit bien crémeux. Goûtez et ajoutez davantage d'édulcorant si nécessaire. Répartissez la glace dans les *Bols d'avoine*, nappez de *Sauce caramel*, décorez de quelques airelles, servez et dégustez !

UN MOT SUR LES AIRELLES !

Les airelles, qui sont des cousines des cranberries, sont très courantes dans les forêts scandinaves. Elles possèdent un goût acide et aigrelet, mais légèrement sucré. On peut notamment les trouver en magasin biologique. Vous pouvez aussi les remplacer par des cranberries dans cette recette.

GLACES À L'EAU ET SORBETS

Vous êtes chaud-bouillant ? Rafraîchissez-vous donc avec une glace à l'eau ou une boule de sorbet !

Bâtonnets à l'eau de coco **118**	Bâtonnets crémeux aux myrtilles **126**	Bâtonnets crémeux à l'orange **134**
Bâtonnets pomme-menthe-avocat **121**	Sorbet kiwi citron vert **129**	Bâtonnets de petit-déjeuner **137**
Choco-bananes **122**	Bâtonnets mangue-coco **130**	Bâtonnets grenade-pastèque **138**
Bâtonnets crémeux fraise et basilic **125**	Bâtonnets crémeux cerise-amaretto **133**	

POUR 6 BÂTONNETS

BÂTONNETS À L'EAU DE COCO SN

Quand vous avez besoin de vous rafraîchir, faites donc ces bâtonnets super frais et simples à base d'eau de coco, de fruits et de fruits rouges !

1 ou 2 kiwis, épluchés et détaillés en petits morceaux

½ tasse (120 ml) de fraises fraîches, découpées en petits morceaux

½ tasse (120 ml) de myrtilles fraîches

1 ½ tasse (360 ml) d'eau de coco

Mélangez les kiwis, les fraises et les myrtilles dans un saladier. Répartissez dans 6 moules à bâtonnets glacés et remplissez les moules d'eau de coco. Insérez les bâtonnets dans les moules et congelez 4 à 6 heures, jusqu'à ce qu'ils soient fermes.

Démoulez-les en les trempant quelques secondes dans de l'eau chaude. Servez et dégustez !

POUR 4 BÂTONNETS

BÂTONNETS POMME-MENTHE-AVOCAT SN

C'est comme un smoothie vert, mais sous forme de glace, génial non ? Ces glaces ont un petit quelque chose de magique pendant les chaudes journées d'été !

1 tasse (240 ml) de jus de pomme fraîchement préparé (le jus de 3 pommes environ)

1 banane

½ avocat mûr, épluché et coupé en dés

5 grandes feuilles de menthe fraîche

Versez tous les ingrédients dans le bol du blender et mixez jusqu'à ce que ce soit onctueux et crémeux. Goûtez et ajoutez de la menthe, si vous le souhaitez. Versez dans les moules à glace, ajoutez les bâtonnets et congelez 4 à 6 heures, jusqu'à ce que ce soit ferme.

Démoulez en passant les moules quelques secondes sous d'eau chaude. Servez et savourez !

GLACES À L'EAU ET SORBETS

POUR 4 BÂTONNETS

BÂTONNETS POMME-MENTHE-AVOCAT SN

C'est comme un smoothie vert, mais sous forme de glace, génial non ? Ces glaces ont un petit quelque chose de magique pendant les chaudes journées d'été !

1 tasse (240 ml) de jus de pomme fraîchement préparé (le jus de 3 pommes environ)

1 banane

½ avocat mûr, épluché et coupé en dés

5 grandes feuilles de menthe fraîche

Versez tous les ingrédients dans le bol du blender et mixez jusqu'à ce que ce soit onctueux et crémeux. Goûtez et ajoutez de la menthe, si vous le souhaitez. Versez dans les moules à glace, ajoutez les bâtonnets et congelez 4 à 6 heures, jusqu'à ce que ce soit ferme.

Démoulez en passant les moules quelques secondes sous d'eau chaude. Servez et savourez !

GLACES À L'EAU ET SORBETS

CHOCO-BANANES

POUR 6 BÂTONNETS

Ces bananes glacées sont follement bonnes, simples et stylées, parfaites à servir pendant une fête et adorées par les enfants comme les adultes.

3 bananes mûres, mais encore fermes

½ tasse (120 ml) de garnitures de votre choix : graines de grenade séchées, pistaches et amandes hachées, noix de coco râpée, grué de cacao, etc.

Enrobage chocolat

½ tasse (120 ml) de beurre de cacao cru

2 c. à s. d'huile de coco,

3 c. à s. de sirop d'érable ou d'un autre édulcorant de votre choix

5 c. à s. de cacao cru ou de cacao non sucré

Coupez les bananes en deux. Plantez des bâtonnets au centre de chaque demi-banane et mettez-les au congélateur sur du papier cuisson (pour éviter qu'elles collent). Pendant que les bananes durcissent, choisissez vos garnitures préférées et répartissez-les dans des assiettes.

Pour préparer l'enrobage au chocolat, faites fondre le beurre de cacao et l'huile de coco dans une petite casserole sur feu moyen. Retirez du feu, ajoutez le sirop d'érable et le cacao et mélangez jusqu'à obtenir une préparation lisse. Goûtez et ajoutez davantage de sirop d'érable ou de cacao si vous le souhaitez. Versez dans un bol ou une tasse.

Sortez les bananes du congélateur. Une par une, trempez-les dans l'enrobage au chocolat puis roulez-les rapidement dans la garniture de votre choix. Reposez les bananes sur le papier cuisson et remettez au congélateur quelques minutes pour que l'enrobage prenne.

Si vous souhaitez un enrobage plus épais, trempez les bananes dans le chocolat une deuxième fois, une fois que la première couche a pris. Servez et dégustez !

UN CONSEIL !

Vous pouvez également utiliser votre chocolat cru préféré ou un bon chocolat noir pour préparer l'enrobage. Il suffit de le faire fondre, puis de tremper et décorer !

GLACES À L'EAU ET SORBETS

124　　　　　　　　　　　　　N'ICE CREAM

POUR 6 BÂTONNETS

BÂTONNETS CRÉMEUX FRAISE ET BASILIC SN

Ces délicieux bâtonnets crémeux à la fraise cachent une surprenante touche de basilic. Vous pouvez aussi faire de cette recette un milkshake : utilisez des ingrédients qui sortent du réfrigérateur et ajoutez un peu de glace au moment de mixer.

2 tasses (480 ml) de fraises fraîches

1 boîte de 400 ml de lait de coco entier

2 c. à s. de sirop d'érable ou d'un autre édulcorant

10 à 15 feuilles de basilic frais

Mettez tous les ingrédients dans le blender et mixez jusqu'à ce que ce soit onctueux. Goûtez et ajoutez davantage de sirop d'érable ou de basilic si vous le souhaitez. Versez dans les moules à glace, ajoutez les bâtonnets dans les moules et congelez 4 à 6 heures, jusqu'à ce que ce soit ferme.

Démoulez en passant les moules sous l'eau chaude quelques secondes. Servez et savourez !

GLACES À L'EAU ET SORBETS

POUR 8 BÂTONNETS

BÂTONNETS CRÉMEUX AUX MYRTILLES SN

C'est toujours une bonne idée d'utiliser des myrtilles, surtout lorsqu'il s'agit de glace !

1 tasse (240 ml) de lait de coco entier

½ tasse (120 ml) de lait d'avoine (ou d'un autre lait végétal)

3 c. à s. de sirop de riz ou d'un autre édulcorant

1 c. à c. d'extrait de vanille

½ tasse (120 ml) de myrtilles fraîches

Mixez le lait de coco, le lait d'avoine, le sirop de riz et la vanille au blender, ou mélangez au fouet dans un saladier. Répartissez les myrtilles dans les moules et recouvrez de cette préparation. Insérez les bâtonnets et mettez au congélateur 4 heures au moins ou jusqu'à ce que les bâtonnets soient durs.

Démoulez en passant les moules sous l'eau chaude quelques secondes. Servez et savourez !

GLACES À L'EAU ET SORBETS

POUR 2 PERSONNES

SORBET KIWI CITRON VERT SN

Voici un sorbet bien frais pour les amoureux du kiwi ! Le kiwi est naturellement acide, assurez-vous donc d'utiliser des fruits bien mûrs et tendres, et goûtez avant de congeler pour vérifier qu'il y a assez de sucre. Si vous voulez quelque chose de plus sucré naturellement, ajoutez une banane !

6 kiwis mûrs, épluchés et coupés en dés

1 avocat mûr, épluché et coupé en dés

Le jus de 1 citron vert

5 feuilles de menthe fraîche

5 c. à s. de sirop de coco ou d'un autre édulcorant de votre choix

Versez tous les ingrédients dans le blender et mixez jusqu'à obtention d'une préparation onctueuse. Goûtez et ajoutez davantage de sirop de coco, si vous le souhaitez.

AVEC UNE SORBETIÈRE :

Versez la préparation dans la sorbetière et suivez les instructions du fabricant. Servez aussitôt ou transférez dans un récipient adapté, couvrez et conservez au congélateur jusqu'au moment de servir. Laissez la glace ramollir à température ambiante pendant 10 à 15 minutes avant de la servir.

SANS SORBETIÈRE :

Versez la préparation dans un saladier allant au congélateur et congelez pendant 3 heures, en mélangeant toutes les 30 minutes. Répartissez la glace dans les coupelles, servez et dégustez !

UN CONSEIL RAPIDITÉ !

Si vous avez un blender puissant, épluchez et hachez les kiwis et l'avocat et congelez-les en premier. Mixez alors les fruits surgelés avec le reste des ingrédients jusqu'à ce que ce soit onctueux et servez aussitôt comme un sorbet crémeux !

GLACES À L'EAU ET SORBETS

POUR 6 BÂTONNETS

BÂTONNETS MANGUE-COCO SN

Quand vous avez des mangues bien mûres, il n'y a qu'une chose à faire : de la glace !

2 mangues mûres

1 boîte de 400 ml de lait de coco entier (réfrigérée toute une nuit)

1 à 2 c. à s. de sirop d'érable ou d'un autre édulcorant, si nécessaire

Épluchez les mangues, découpez-les et mettez-les dans le blender. Ouvrez la boîte de lait de coco, récupérez la crème épaisse et blanche en surface et mettez-la dans le blender avec les mangues. Mixez jusqu'à ce que ce soit onctueux et lisse.

Goûtez et ajoutez davantage de sirop d'érable si nécessaire. Versez dans les moules, ajoutez les bâtonnets et congelez 4 à 6 heures, jusqu'à ce que les glaces soient fermes. Démoulez en passant les moules sous l'eau chaude quelques secondes. Servez et dégustez !

POUR 8 BÂTONNETS

BÂTONNETS CRÉMEUX CERISE-AMARETTO SN

Si vous aimez les desserts avec une touche d'alcool (et qui n'aime pas ça ?), essayez donc ces glaces. N'hésitez pas à remplacer l'extrait d'amande par de la liqueur d'amande, les saveurs se marient bien avec la cerise.

- 2 tasses (480 ml) de cerises fraîches dénoyautées
- 1 c. à s. de jus de citron
- 5 c. à s. de sirop d'érable ou d'un autre édulcorant
- 1 c. à c. d'amaretto ou d'extrait d'amande
- 2 boîtes de 400 ml de lait de coco entier (placées au réfrigérateur toute la nuit)
- 2 c. à s. de beurre de coco fondu
- 1 c. à c. d'extrait de vanille

Mettez les cerises, le jus de citron, le sirop d'érable, et l'amaretto dans le blender et mixez jusqu'à obtention d'une préparation onctueuse. Versez la moitié de cette préparation dans les moules et congelez une heure.

Pendant ce temps, ouvrez les boîtes de lait de coco, prélevez la crème de coco épaisse qui se trouve en surface et mélangez-la dans un saladier avec le beurre de coco et la vanille, jusqu'à ce que ce soit crémeux. Incorporez le reste de la préparation aux cerises et mélangez délicatement de manière à obtenir un effet marbré.

Répartissez dans les moules, insérez les bâtonnets et remettez au congélateur 3 heures au moins, ou jusqu'à ce que les glaces aient pris. Servez et savourez !

GLACES À L'EAU ET SORBETS

POUR 5 BÂTONNETS

BÂTONNETS CRÉMEUX À L'ORANGE SN

Voilà une glace simple, rapide et sympa pour les journées d'été ou après une séance de sport intensive !

1 orange

1 pêche, dénoyautée

1 tasse (240 ml) de lait d'amande sans sucre ajouté

1 c. à s. de sirop de riz

1 c. à c. d'extrait de vanille

1 c. à c. de gingembre frais râpé

Épluchez l'orange, retirez les membranes blanches et les pépins. Versez tous les ingrédients dans le bol du blender et mixez jusqu'à ce que ce soit onctueux. Versez dans les moules à glace, et congelez 3 heures ou jusqu'à ce que les glaces aient pris.

Démoulez en passant les moules sous l'eau chaude quelques secondes. Servez et dégustez !

GLACES À L'EAU ET SORBETS

POUR 6 PERSONNES

BÂTONNETS DE PETIT-DÉJEUNER

Oui, nous pensons que la glace est un petit-déjeuner acceptable, surtout sous la forme de ces bâtonnets appétissants !

1 tasse de fruits frais mélangés

1 c. à c. d'extrait de vanille

2 tasses (480 ml) de yaourt de coco ou d'un autre yaourt végétal

½ à 1 tasse (120 à 240 ml) de *Granola maison* (page 193)

Découpez les fruits en petits morceaux, incorporez la vanille au yaourt à la cuillère. Alternez dans les moules les couches de fruits et de yaourt, en laissant de la place pour le granola. Finissez par une couche de granola, pressez légèrement et insérez les bâtonnets.

Mettez les bâtonnets au congélateur 4 à 6 heures, jusqu'à ce que ce soit ferme. Démoulez en passant les moules quelques secondes sous l'eau chaude. Servez et savourez !

GLACES À L'EAU ET SORBETS

POUR 6 BÂTONNETS

BÂTONNETS GRENADE-PASTÈQUE SN

Grâce à la grenade, ces glaces ont une véritable personnalité et une texture intéressante.

1 grenade

1 c. à s. de sirop d'érable (si vous le souhaitez)

½ pastèque, épluchée, pépins retirés et découpée en cubes

Coupez la grenade en deux et retirez les graines. Réservez la moitié des graines et versez l'autre moitié dans le blender avec le sirop d'érable, si vous en utilisez. Mixez jusqu'à ce que ce soit homogène. Répartissez la préparation à la grenade dans 6 moules à bâtonnets glacés et congelez pendant 1 heure.

Pendant ce temps, mixez la pastèque au blender. Répartissez la préparation à la pastèque dans les moules et finissez par les graines de grenade mises de côté. Insérez les bâtonnets, remettez les moules au congélateur et congelez 4 à 6 heures, jusqu'à ce que ce soit ferme. Démoulez en passant les moules quelques secondes sous l'eau chaude. Servez et dégustez !

GLACES À L'EAU ET SORBETS

MILKSHAKES

Oubliez les smoothies, les milkshakes font leur grand retour ! Sauf que ceux-ci sont à base de laits végétaux et d'autres bonnes choses, ce qui fait qu'en plus, ils sont sains !

Le milkshake à 5 dollars	**142**	Milkshake chaï	**146**	Milkshake piña colada	**150**
Milkshake fraise super simple	**145**	Milkshake triple chocolat à la menthe	**149**	Milkshake façon caramel au beurre salé	**153**

POUR 1 PERSONNE

LE MILKSHAKE À 5 DOLLARS

Le milkshake légendaire du film Pulp Fiction est maintenant un peu plus sain, mais toujours aussi costaud.
« Je ne sais pas si ce milkshake vaut 5 dollars, mais il est foutrement bon. » - Vincent Vega, Pulp Fiction

1 boîte de 400 ml de lait de coco entier (placée au réfrigérateur toute la nuit)

½ tasse (120 ml) de lait d'amande sans sucre ajouté

2 bananes surgelées

Les graines d'une gousse de vanille bourbon ou ½ c. à c. de vanille en poudre

1 c. à s. de sirop de coco

4 glaçons

De la *Chantilly de coco* (page 185)

Des cerises, pour décorer

Ouvrez la boîte de lait de coco, prélevez une ½ tasse de la crème de coco qui est sur le dessus et versez-la dans le blender. Ajoutez le lait d'amande, les bananes, la vanille, le sirop de coco et les glaçons et mixez jusqu'à ce que ce soit onctueux. Versez dans un grand verre. Recouvrez de *Chantilly de coco* et finissez par une cerise. Servez et dégustez !

UN CONSEIL !
Ce milkshake sera encore meilleur avec une boule de *Glace vanille*.

GLACE VANILLE

2 boîtes de 400 ml de lait de coco entier (placées au réfrigérateur toute la nuit)

2 c. à s. de sirop de coco ou un autre édulcorant de votre choix

1 c. à c. d'extrait de vanille

Ouvrez les boîtes de lait de coco et récupérez la crème de coco qui est sur le dessus. Versez-la dans le blender. Ajoutez le sirop de coco et la vanille. Mixez jusqu'à ce que ce soit homogène. Versez la préparation dans la sorbetière et suivez les instructions du fabricant ou versez dans un récipient adapté et congelez 3 heures environ, en mélangeant bien toutes les 30 minutes, jusqu'à ce que la glace prenne. Servez et savourez !

POUR 2 PERSONNES

MILKSHAKE FRAISE SUPER SIMPLE

Il ne faut que 3 ingrédients pour réaliser ce milkshake aussi facile que délicieux ! Pour un peu plus de douceur, ajoutez une banane bien mûre.

1 boîte de 400 ml de lait de coco entier

1 tasse (240 ml) de fraises surgelées

1 c. à c. d'extrait de vanille

Versez tous les ingrédients dans le bol du blender et mixez jusqu'à ce que ce soit onctueux.

Servez et dégustez !

UN CONSEIL !

Incorporez à la cuillère un peu de *Chantilly de coco* (page 185) pour plus de crémeux et un joli effet marbré !

POUR 1 PERSONNE

MILKSHAKE CHAÏ SN

Un délicieux chaï latte réconfortant, déguisé en milkshake.

1 sachet de thé chaï

1 ½ banane surgelée

1 tasse (240 ml) de lait d'amande sans sucre ajouté (ou d'un autre lait végétal)

1 à 2 dattes fraîches, dénoyautées

1 c. à c. de cannelle

Ouvrez le sachet de thé et versez le contenu dans le blender. Ajoutez les ingrédients restants et mixez jusqu'à ce que ce soit onctueux.

Goûtez et ajoutez davantage de cannelle ou de dattes si vous le souhaitez. Servez et dégustez !

POUR 2 PERSONNES

MILKSHAKE TRIPLE CHOCOLAT À LA MENTHE SN

Mousse au chocolat :

Une recette de *Chantilly de coco* (page 185) préparée avec 3 c. à s. de cacao cru ou de cacao non sucré

Milkshake :

3 bananes surgelées

1 ½ tasse (360 ml) de lait d'amande (ou d'un autre lait végétal)

3 c. à s. de cacao cru ou de cacao non sucré

6 feuilles de menthe fraîche

1 c. à c. d'extrait de vanille

Sauce chocolat :

3 c. à s. d'huile de coco extra-vierge fondue

3 c. à s. de cacao cru ou de cacao non sucré

1 c. à s. de sirop de coco ou d'un autre édulcorant de votre choix

½ c. à c. d'huile essentielle de menthe poivrée

Une pincée de sel de mer

Préparez d'abord la mousse au chocolat et mettez-la de côté.

Pour faire le milkshake, mélangez tous les ingrédients au blender jusqu'à ce que ce soit onctueux.

Pour faire la sauce au chocolat, faites fondre l'huile de coco et ajoutez-y le reste des ingrédients.

Mélangez bien. Versez un peu de sauce dans 2 grands verres. Remplissez à moitié de préparation à milkshake. Ajoutez un peu de mousse au chocolat. Versez le reste du milkshake, recouvrez de mousse et arrosez de sauce. Servez et dégustez !

POUR 2 PERSONNES

MILKSHAKE PIÑA COLADA `SN`

Une gorgée de ce milkshake tropical et vous serez au soleil !

1 boîte de 400 ml de lait de coco entier (réfrigérée toute une nuit)

2 bananes surgelées

¾ de tasse (180 ml) d'ananas, frais ou en boîte

1 c. à c. d'extrait de vanille

3 glaçons

Ouvrez la boîte de lait de coco, prélevez la crème en surface et mettez-la dans le blender. Ajoutez les ingrédients restants et mixez jusqu'à ce que ce soit bien crémeux. Servez et dégustez !

N'ICE CREAM

POUR 2 PERSONNES

MILKSHAKE FAÇON CARAMEL AU BEURRE SALÉ

Ce milkshake crémeux à base de noix de cajou, avec sa sauce sucrée salée au caramel, nous fait rêver les yeux ouverts !

½ tasse (120 ml) de noix de cajou (trempées pendant une nuit ou au moins 4 heures, optionnel)

2 bananes surgelées

1 ½ tasse (360 ml) de lait d'amande sans sucre ajouté (ou d'un autre lait végétal)

1 c. à c. d'extrait de vanille

½ tasse (120 ml) de *Sauce caramel* (page 182)

Chantilly de coco (page 185), pour servir, optionnel

Nous préférons faire tremper les noix de cajou, mais si vous n'avez pas le temps vous pouvez faire sans. Rincez et égouttez les noix et mettez-les dans le blender avec les bananes, le lait d'amande et la vanille et mixez jusqu'à ce que ce soit bien crémeux.

Versez de la *Sauce caramel* dans 2 verres, répartissez le milkshake et décorez avec la *Sauce caramel* restante et de la *Chantilly de coco* si vous le souhaitez. Servez et dégustez !

GÂTEAUX GLACÉS ET BISCUITS

Des desserts d'exception pour toutes les occasions

Fabuleux gâteau glacé aux mûres	**156**
Gâteau glacé aux cerises	**160**
Biscuits glacés au chocolat cru	**164**
Bouchées glacées chocolat-myrtille	**168**
Gâteau glacé caramel-cacahuète	**171**
Sandwiches glacés menthe-chocolat	**172**
Bouchées glacées biscuits et fruits rouges	**176**
Biscuits glacés vanille-framboise	**179**

GÂTEAUX GLACÉS ET BISCUITS

POUR 6 PERSONNES

FABULEUX GÂTEAU GLACÉ AUX MÛRES

Ce gâteau est à tomber. Il est facile à faire et tellement beau pour les dîners de fête. Si vous ne vous souciez pas trop de son apparence et voulez le manger aussi vite que possible, vous pouvez aussi préparer la garniture comme une simple glace, émietter la pâte sur le dessus et dévorer à la cuillère cette glace magique !

Du *Crumble* (page 186)

1 tasse de mûres fraîches

1 boîte de 400 ml de lait de coco entier (réfrigérée toute une nuit)

½ tasse (120 ml) de noix de cajou

2 c. à s. de sirop d'érable ou d'un autre édulcorant

½ c. à c. de vanille en poudre

1 c. à s. de jus de citron fraîchement pressé

Chemisez un moule à charnière de 17 cm de diamètre avec du papier cuisson. Pressez le *Crumble* dans le fond du moule. Réservez.

Écrasez les mûres à la fourchette, mais gardez-en quelques-unes entières pour la décoration. Réservez.

Ouvrez la boîte de lait de coco, prélevez la crème en surface et mettez-la dans le blender. Ajoutez les noix de cajou, le sirop d'érable, la vanille et le jus de citron. Mixez jusqu'à ce que ce soit onctueux. Versez dans un saladier et incorporez les mûres écrasées en faisant des spirales.

Versez la préparation dans le moule. Mettez le tout au congélateur et congelez 3 heures, ou jusqu'à ce que le gâteau ait pris. Démoulez et laissez décongeler 10 à 15 minutes à température ambiante, puis décorez avec les mûres restantes. Servez et dégustez !

GÂTEAUX GLACÉS ET BISCUITS

GÂTEAUX GLACÉS ET BISCUITS

POUR 6 PERSONNES

GÂTEAU GLACÉ AUX CERISES SN

Ce gâteau est un hommage à Linda Lomelino, une des plus grandes blogueuses et photographes culinaires de notre époque. C'est une variante d'un gâteau de son livre sur les glaces, *Lomelinos Glass*, et il est à lui seul une vraie fête !

Glace :

1 ½ tasse (360 ml) de cerises fraîches, dénoyautées

1 tasse (240 ml) de graines de chanvre ou de noix de cajou

1 banane mûre

⅓ de tasse (80 ml) de lait d'amande sans sucre ajouté (ou d'un autre lait végétal)

5 c. à s. de sirop de coco ou d'un autre édulcorant de votre choix

1 c. à c. d'extrait de vanille

¼ de tasse d'huile de coco extra-vierge, fondue

Ganache chocolat :

1 tasse (240 ml) de beurre de cacao râpé

5 c. à s. d'huile de coco extra-vierge fondue

5 c. à s. de cacao cru ou de cacao non sucré

2 c. à s. de sirop de coco ou d'un autre édulcorant de votre choix

Une pincée de sel de mer

1 *Cône gaufrette sans gluten* (page 197), pour décorer

Chemisez un moule à charnière de 17 cm de diamètre de papier cuisson et réservez.

Mettez tous les ingrédients de la glace dans un blender et mixez jusqu'à ce que ce soit onctueux. Versez la préparation dans la sorbetière et suivez les instructions du fabricant. Vous pouvez également verser la préparation dans un bol allant au congélateur et la congeler 3 heures environ, en mélangeant bien toutes les 30 minutes.

(La recette continue page 163)

Prélevez une grosse boule de glace et réservez-la au congélateur, vous vous en servirez comme décoration. Pressez le reste de la glace dans le moule à gâteau que vous avez préparé et congelez 1 heure ou 2, ou jusqu'à ce que le gâteau ait pris. Pendant ce temps, préparez la ganache au chocolat.

Faites fondre le beurre de cacao et l'huile de coco dans une petite casserole à feu moyen-doux. Retirez du feu et incorporez le cacao, le sirop de coco et le sel. Goûtez et ajoutez davantage de sirop de coco si vous le souhaitez.

Sortez le gâteau du congélateur et démoulez-le. Garnissez le cône avec la boule de glace mise de côté et pressez au centre du gâteau. Versez la ganache sur le gâteau à l'aide d'une cuillère pour qu'elle recouvre la boule de glace et la surface du gâteau. Laissez la ganache dégouliner sur les côtés du gâteau.

Servez et dégustez !

POUR 10 À 12 BISCUITS

BISCUITS GLACÉS AU CHOCOLAT CRU

Parfois, on a juste besoin de chocolat. Et parfois, on a besoin de mettre du chocolat sur son chocolat. Assurez-vous de couper de petites parts, elles partent vite !

Biscuits au chocolat cru :

2 tasses (480 ml) de noix

2 c. à s. de cacao cru ou de cacao non sucré

Une pincée de sel de mer

12 à 14 dattes fraîches, dénoyautées

Un trait de sirop de coco, optionnel

Glace crémeuse au chocolat :

1 boîte de 400 ml de lait de coco entier (placée au réfrigérateur toute la nuit)

2 bananes surgelées

2 à 4 c. à s. de cacao cru ou de cacao non sucré

2 c. à s. de sirop d'érable ou d'un autre édulcorant de votre choix

Habillez de film étirable un moule à cake de 14 x 20 cm et réservez.

Mélangez les noix, le cacao et le sel dans un blender ou un robot et mixez par à-coup jusqu'à obtenir une poudre grossière. Ajoutez les dattes et mixez jusqu'à avoir une pâte collante. Ajoutez du sirop de coco si vous le souhaitez.

Divisez la pâte en deux. Pressez une moitié de pâte dans le fond du moule et mettez au congélateur. Pendant ce temps, préparez la glace.

(La recette continue page 167)

Ouvrez la boîte de lait de coco, prélevez la crème de coco qui est sur le dessus et versez-la dans le blender. Ajoutez les bananes, le cacao et le sirop d'érable. Mixez jusqu'à ce que ce soit onctueux, en raclant les parois du blender si nécessaire. Goûtez et ajoutez davantage de sirop d'érable ou de cacao si vous le souhaitez.

Quand la glace est prête, sortez le moule du congélateur et étalez la glace uniformément sur la pâte à biscuits. Remettez au congélateur et congelez 2 à 4 heures, ou jusqu'à ce que ce soit dur. Pressez le reste de la pâte à biscuit uniformément sur la glace. Congelez 2 à 4 heures de plus, ou jusqu'à ce que l'ensemble ait pris.

Au moment de servir, sortez le moule du congélateur et démoulez le biscuit à l'aide du film étirable. Découpez les biscuits avec un couteau aiguisé, servez et savourez !

POUR 6 BOUCHÉES

BOUCHÉES GLACÉES CHOCOLAT-MYRTILLE SN

Cette association de chocolat cru et de noix de coco crémeuse va littéralement fondre dans votre bouche.

1 boîte de 400 ml de lait de coco entier (placée au réfrigérateur toute la nuit)

2 c. à s. d'huile de coco extra-vierge fondue

1 c. à s. de sirop d'érable (ou d'un autre édulcorant)

¼ de c. à c. d'extrait de vanille

½ tasse de myrtilles fraîches

Garniture chocolat cru :

2 c. à s. de beurre de cacao cru

2 c. à s. d'huile de coco extra-vierge

2 c. à s. de sirop de coco ou d'un autre édulcorant de votre choix

3 à 4 c. à s. de cacao cru

½ c. à c. d'extrait de vanille

Une pincée de sel de mer

Ouvrez la boîte de lait de coco et récupérez la crème de coco qui est sur le dessus. Versez-la dans le blender. Ajoutez l'huile de coco, le sirop d'érable et la vanille, et mixez jusqu'à ce que ce soit onctueux. Goûtez et ajoutez davantage de sirop d'érable ou de vanille, si vous le souhaitez. Versez dans des moules à muffins en silicone et répartissez les myrtilles uniformément sur la surface, en laissant un peu de place pour la garniture au chocolat cru. Mettez les bouchées au congélateur le temps de préparer le chocolat.

Faites fondre le beurre de cacao et l'huile de coco dans une petite casserole à feu moyen-doux. Retirez du feu et incorporez le sirop de coco, le cacao cru, la vanille et le sel.

Sortez les bouchées du congélateur, recouvrez de garniture au chocolat et remettez au congélateur pendant 2 à 4 heures, jusqu'à ce que ce soit ferme. Démoulez et dégustez !

GÂTEAUX GLACÉS ET BISCUITS

POUR 6 PERSONNES

GÂTEAU GLACÉ CARAMEL-CACAHUÈTE

Ce gâteau a été inventé suite à la demande d'un de nos lecteurs qui souhaitait une version plus saine de son parfum de glace préférée : la glace au *Snickers*. Le résultat est fabuleux et nous espérons que tous les amoureux de chocolat et de cacahuète en tomberont amoureux, comme nous !

Glace :

1 boîte de 400 ml de lait de coco entier (placée au réfrigérateur toute la nuit)

3 bananes mûres

½ tasse (120 ml) de beurre de cacahuète

1 c. à c. d'extrait de vanille

Une poignée de cacahuètes crues

Une pincée de sel de mer

Garniture caramel :

½ tasse (120 ml) de beurre de cacahuète

10 dattes fraîches, dénoyautées

4 c. à s. d'huile de coco extra-vierge fondue

⅔ de tasse (160 ml) de lait de coco entier

½ c. à c. d'extrait de vanille

Une pincée de sel de mer

Sauce au chocolat (page 182)

Des noisettes concassées, pour décorer

Chemisez de papier cuisson un moule à cake de 9 x 19 cm et réservez.

Ouvrez la boîte de lait de coco et récupérez la crème de coco qui est sur le dessus. Versez-la dans le blender. Ajoutez les bananes, le beurre de cacahuète et la vanille. Mixez jusqu'à obtenir un ensemble onctueux. Versez la préparation dans le moule à gâteau que vous avez préparé. Dans un petit saladier, mélangez les cacahuètes avec le sel, répartissez cette préparation sur la glace et réservez.

Mélangez tous les ingrédients de la garniture caramel dans le blender et mixez jusqu'à ce que ce soit onctueux, en ajoutant plus d'eau si nécessaire, de manière à obtenir une sauce caramel lisse. Versez la moitié de cette préparation sur la glace. Mettez de côté la sauce au caramel restante. Placez le gâteau glacé au congélateur 3 heures environ, ou jusqu'à ce qu'il ait pris.

Démoulez le gâteau et déposez-le sur une assiette. Versez le reste de sauce caramel sur le gâteau, puis la *Sauce au chocolat*. Parsemez de noisettes. Laissez le gâteau ramollir à température ambiante (il sera plus facile à découper), servez et dégustez !

POUR 6 À 8 SANDWICHES GLACÉS

SANDWICHES GLACÉS MENTHE-CHOCOLAT SN

L'association menthe-chocolat est une de nos préférées dans les desserts et ces sandwiches glacés sont une délicieuse manière de savourer ces parfums.

Biscuits au chocolat :

¾ de tasse (180 ml) d'amandes en poudre

½ tasse (120 ml) de farine d'avoine sans gluten

½ tasse (120 ml) de farine de sarrasin

3 c. à s. de cacao cru ou de cacao non sucré

2 c. à s. de graines de lin moulues

½ c. à c. de bicarbonate de soude

½ c. à c. d'extrait de vanille

Une pincée de sel de mer

3 c. à s. d'huile de coco extra-vierge

3 à 4 c. à s. de sirop d'érable ou d'un autre édulcorant

¼ de tasse d'eau

Glace à la menthe :

2 boîtes de 400 ml de lait de coco entier (placées au réfrigérateur toute la nuit)

2 avocats mûrs, en dés

5 à 7 c. à s. de sirop d'érable ou d'un autre édulcorant

1 c. à c. d'extrait de menthe poivrée

Une grosse poignée de feuilles de menthe fraîche

Préchauffez le four à 175 °C. Mélangez tous les ingrédients secs dans un grand saladier. Dans une petite casserole sur feu moyen, faites fondre l'huile de coco. Ajoutez l'huile de coco fondue, le sirop d'érable, la vanille et l'eau aux ingrédients secs et mélangez bien, jusqu'à obtention d'une pâte collante. Ajoutez de la farine si nécessaire. Laissez la pâte épaissir pendant quelques minutes. Vous devriez arriver à faire une grosse boule de pâte avec vos mains.

Divisez la pâte en deux et abaissez une moitié entre 2 feuilles de papier cuisson, jusqu'à 6 ou 7 mm d'épaisseur. Découpez la pâte en rectangles et déposez-les sur une plaque de four. Répétez l'opération avec la deuxième moitié de pâte.

Enfournez 8 à 12 minutes. Laissez complètement refroidir. Les biscuits seront peut-être tendres à la sortie du four, mais ils deviendront croustillants en refroidissant.

UN CONSEIL !

Pour une version sans noix, remplacez les amandes en poudre par davantage de farine de sarrasin et d'avoine !

(La recette continue page 175)

GÂTEAUX GLACÉS ET BISCUITS

Ouvrez les boîtes de lait de coco et récupérez la crème de coco qui est sur le dessus. Transférez dans le blender. Ajoutez les ingrédients restants et mixez jusqu'à ce que ce soit onctueux. Versez la préparation dans la sorbetière et suivez les instructions du fabricant, ou versez dans un saladier allant au congélateur et congelez 3 heures environ, en mélangeant bien toutes les 30 minutes.

Montage des sandwiches :

Déposez une cuillère de glace sur un cookie, recouvrez d'un autre cookie et pressez délicatement. Répétez l'opération avec les biscuits restants, de manière à faire 6 à 8 sandwiches. Dégustez aussitôt ou congelez une heure si vous préférez un sandwich glacé plus ferme.

POUR 8 PERSONNES

BOUCHÉES GLACÉES BISCUITS ET FRUITS ROUGES

Ces petites bouchées glacées super simples à réaliser seront parfaites pour vos fêtes !

Glace :

1 tasse (240 ml) de noix de cajou ou d'amandes (trempées une nuit ou 4 à 6 heures au moins)

1 tasse (240 ml) de fraises ou de framboises fraîches

1 tasse (240 ml) de lait d'amande sans sucre ajouté (ou d'un autre lait végétal)

2 c. à s. de jus de citron fraîchement pressé

2 à 3 c. à s. de sirop d'érable ou d'un autre édulcorant

½ c. à c. d'extrait de vanille

Crumble (page 186)

Rincez et égouttez les noix de cajou. Placez-les avec les autres ingrédients dans le bol du blender et mixez jusqu'à ce que ce soit onctueux et crémeux. Goûtez et ajoutez davantage de sirop d'érable si vous le souhaitez. Répartissez équitablement dans 8 moules à glace ou moules à muffins en silicone, en laissant un peu de place pour le *Crumble*. Congelez 1 heure, jusqu'à ce que la glace commence à durcir.

Pendant ce temps, préparez le *Crumble*.

Sortez les bouchées du congélateur et recouvrez de *Crumble*. Insérez les bâtonnets au centre de chaque bouchée et remettez au congélateur pour 2 heures, ou jusqu'à ce que les glaces aient pris. Passez les moules rapidement sous l'eau chaude pour démouler, servez et savourez !

GÂTEAUX GLACÉS ET BISCUITS

POUR 12 BISCUITS OU 6 SANDWICHES GLACÉS

BISCUITS GLACÉS VANILLE-FRAMBOISE

Ces biscuits sans gluten à l'avoine et leur glace crémeuse à la vanille feront fondre votre cœur. Mais soyez rapide, la glace fond vite aussi !

Biscuits fins à l'avoine :

¾ de tasse (180 ml) de flocons d'avoine sans gluten

½ tasse (120 ml) de farine d'avoine sans gluten

¼ de tasse d'huile de coco extra-vierge, fondue

2 c. à s. de sirop d'érable ou d'un autre édulcorant

¼ de tasse de lait d'avoine (ou d'un autre lait végétal)

Une pincée de sel de mer

Glace :

1 recette de *Glace vanille crémeuse* (page 49)

¾ de tasse (180 ml) de framboises fraîches

Préchauffez le four à 200 °C. Habillez une plaque de pâtisserie avec du papier cuisson et réservez.

Mélangez tous les ingrédients des biscuits dans un grand saladier. La pâte doit être assez collante. Déposez 12 cuillères de pâte sur la plaque, pour former les biscuits. Écrasez-les pour qu'ils soient aussi fins que possible. Enfournez 10 à 15 minutes ou jusqu'à ce qu'ils soient dorés. Retirez les biscuits de la plaque et laissez refroidir complètement avant de les garnir.

Préparez la glace comme indiqué page 49 et incorporez les framboises juste avant que la glace soit prête, si vous travaillez à la sorbetière, ou avant de la congeler pendant 3 heures sinon. Laissez la glace ramollir quelques minutes pour former des boules plus facilement.

Pour monter les sandwiches glacés, mettez un cookie sur une assiette, déposez une boule de glace, recouvrez d'un autre cookie et pressez délicatement. Servez et dégustez !

UN CONSEIL !

Essayez donc ces biscuits avec d'autres parfums de glace !

GARNITURES

Si vous voulez que vos glaces soient encore plus luxueuses, ajoutez donc l'une de ces garnitures !

Sauce au chocolat	**182**	Crumble	**186**	Bols d'avoine	**190**
Sauce au chocolat blanc	**182**	Crumble au chocolat	**186**	Granola maison	**193**
Sauce caramel	**182**	Confiture de fruits rouges	**189**	Coupelles au chocolat	**194**
Chantilly de coco	**185**	Coulis de fruits rouges	**189**	Cônes et coupelles en gaufrette sans gluten	**197**

SAUCE AU CHOLOCAT [SN]

Cette sauce au chocolat est à la fois super simple et rapide à faire. Vous pouvez en napper vos glaces, mais aussi en enrober vos bâtonnets glacés.

½ tasse (120 ml) de beurre de cacao cru, fondu

¼ de tasse d'huile de coco extra-vierge, fondue

5 c. à s. de cacao cru ou de cacao non sucré

3 à 4 c. à s. de sirop de coco ou d'un autre édulcorant

Une pincée de sel de mer

Versez tous les ingrédients dans un petit bol et mélangez jusqu'à obtenir une sauce lisse. Goûtez et ajoutez davantage d'édulcorant si nécessaire.

SAUCE AU CHOCOLAT BLANC

Cette sauce est parfaite pour les fans du chocolat blanc et elle donne de jolis enrobages !

1 tasse (240 ml) de beurre de cacao cru, fondu

1 tasse (240 ml) de noix de macadamia crues

¼ de tasse (60 ml) de sirop de coco

Un trait de lait de coco, de lait d'amande sans sucre ajouté ou d'eau, optionnel

Mélangez le beurre de cacao, les noix de macadamia et le sirop de coco dans un blender puissant et mixez jusqu'à ce que ce soit onctueux. Ajoutez un peu de lait de coco si la sauce est trop épaisse.

SAUCE CARAMEL [SN]

Cette sauce caramel naturelle à base de dattes est délicieuse et parfaite, qu'elle soit mélangée à la glace ou en nappage !

8 dattes fraîches, dénoyautées

2 c. à s. d'huile de coco extra-vierge

¼ de tasse (60 ml) d'eau

½ c. à c. d'extrait de vanille

Une pincée de sel de mer

Mélangez tous les ingrédients au blender et mixez jusqu'à ce que ce soit onctueux. Ajoutez un peu plus d'eau si nécessaire pour obtenir la bonne texture ou si vous voulez une sauce très liquide.

UN CONSEIL !

Pour rendre cette sauce encore plus crémeuse, ajoutez 2 cuillerées à soupe de lait de coco !

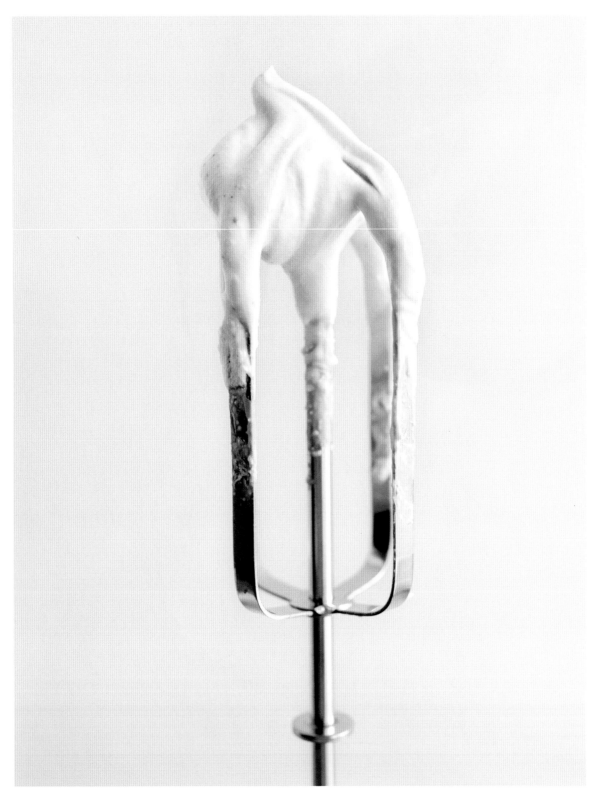

POUR 2 TASSES ENVIRON

CHANTILLY DE COCO SN

La chantilly est un excellent accompagnement de glace et cette version sans produits laitiers est encore meilleure que l'originale !

2 boîtes de 400 ml de lait de coco entier (réfrigérées toute une nuit)

½ c. à c. de vanille en poudre

Quelques gouttes de stévia (ou d'un autre édulcorant)

Ouvrez les boîtes de lait de coco, prélevez la crème en surface et mettez-la dans un saladier. Fouettez-la jusqu'à ce qu'elle monte en chantilly. Incorporez la vanille et la stévia. Utilisez aussitôt. (Si la crème est trop liquide, mettez-la 15 minutes au réfrigérateur pour qu'elle prenne.)

S'il reste de la chantilly, conservez-la dans un récipient hermétique 3 jours maximum au réfrigérateur.

CRUMBLE

Parsemez vos glaces avec ce crumble, roulez-y des boules de glace pour ajouter du croquant ou incorporez-le à votre glace pour changer la texture.

1 tasse (240 ml) de noix de macadamia, ou de vos noix préférées : cajou, pécan, amandes, etc.

2 à 3 dattes, dénoyautées

½ c. à c. de cardamome moulue

Une pincée de sel de mer

1 c. à s. de sirop de coco, optionnel

Mélangez tous les ingrédients dans un blender et mixez par à-coups pour obtenir un crumble. Goûtez et ajoutez davantage d'édulcorant si vous le souhaitez.

VERSION SANS NOIX :

À la place des noix, utilisez ½ tasse (120 ml) de flocons d'avoine et ½ tasse (120 ml) de mulberries séchées.

CRUMBLE AU CHOCOLAT

½ tasse (120 ml) de flocons d'avoine

½ tasse (120 ml) d'amandes

2 dattes fraîches, dénoyautées

¼ de tasse (60 ml) de cacao cru

Une pincée de sel de mer

1 c. à s. de sirop de coco, optionnel

Mélangez tous les ingrédients dans un blender et mixez par à-coups pour obtenir un crumble. Goûtez et ajoutez davantage de sirop d'érable si vous le souhaitez.

VERSION SANS NOIX :

À la place des amandes, utilisez ½ tasse (120 ml) de mulberries séchées.

Comme de délicieuses miettes de gâteau, mais au chocolat !

GARNITURES

CONFITURE DE FRUITS ROUGES SN

Si vous voulez ajouter un peu de douceur à votre glace, essayez donc cette confiture simple à réaliser.

1 tasse (240 ml) de fruits rouges

2 à 3 c. à s. de sirop d'érable ou d'un autre édulcorant

½ tasse (120 ml) d'eau

3 c. à s. de graines de chia

De l'extrait de vanille (optionnel)

Du jus de citron et/ou du zeste de citron, optionnel

Des fruits rouges frais, pour servir, optionnel

Mélangez les fruits rouges, le sirop d'érable et l'eau dans un blender et mixez 20 à 30 secondes, en vous assurant qu'il reste quelques graines de fruits rouges. Versez dans un bol, ajoutez les graines de chia et mélangez bien. Incorporez la vanille et/ou le zeste de citron, si vous en utilisez, et mélangez délicatement. Mettez au réfrigérateur pendant 1 heure, ou jusqu'à ce que la confiture épaississe. Ajoutez quelques fruits rouges frais avant de servir si vous le souhaitez.

COULIS DE FRUITS ROUGES

Ce coulis est l'accompagnement parfait, quel que soit le parfum de la glace.

2 tasses (240 ml) de fraises ou d'autres fruits rouges

Le jus d'un citron

2 c. à s. de sirop d'érable ou d'un autre édulcorant

Mélangez tous les ingrédients dans un blender et mixez jusqu'à ce que ce soit onctueux.

POUR 6 À 8 COUPELLES

BOLS D'AVOINE SN

Ces petites coupelles comestibles sont faciles à faire et rendent vos sundaes encore plus épatants et carrément délicieux. Si vous suivez un régime crudivore, vous pouvez les préparer au déshydrateur pour qu'elles restent crues. Et sinon, elles cuisent facilement au four !

De l'huile de coco, pour graisser le moule à muffins

1 grosse banane mûre

2 tasses (480 ml) de flocons d'avoine

5 dattes fraîches, dénoyautées

1 c. à c. de vanille en poudre

Une pincée de sel de mer

Préchauffez le four à 110 °C. Retournez le moule à muffins, graissez l'extérieur des empreintes avec l'huile de coco et réservez. Dans le bol du robot, mettez la banane, les flocons d'avoine, les dattes, la vanille et le sel. Mixez jusqu'à ce que la pâte forme une boule. (Vous pouvez aussi préparer la pâte au blender, en travaillant en 2 fois.)

Divisez la pâte en 6 à 8 boules et pressez-les contre l'extérieur des empreintes de manière à ce qu'elles prennent la forme de coupelles. Enfournez 15 à 25 minutes, selon l'épaisseur. Une fois cuits, les bols devraient être plutôt secs. Laissez refroidir jusqu'à ce qu'il soit possible de les démouler délicatement, à l'aide d'un couteau si nécessaire, et retournez-les pour les laisser complètement refroidir. Garnissez de glace et savourez !

SI VOUS ÊTES CRUDIVORE :

Au lieu de cuire les bols au four, passez-les au déshydrateur à 45 °C pendant 8 heures environ, démoulez et déshydratez-les 8 heures de plus. Ils sont prêts quand ils ne sont plus collants. Conservez dans un récipient hermétique et consommez dans la semaine.

POUR 12 PORTIONS

GRANOLA MAISON

Essayez ce granola tout simple sur vos glaces ou en touche de croquant dans vos bâtonnets glacés !

2 tasses (480 ml) de flocons d'avoine sans gluten

½ tasse (120 ml) d'amandes

½ tasse (120 ml) de noix de pecan ou d'autres noix

½ tasse (120 ml) de graines de chanvre ou d'autres graines

½ tasse (120 ml) d'huile de coco extra-vierge, fondue

¼ de tasse (60 ml) de sirop d'érable pur (ou d'un autre édulcorant)

1 c. à c. d'extrait de vanille

½ c. à c. de sel de mer

Préchauffez le four à 190 °C. Habillez une plaque de pâtisserie avec du papier cuisson et réservez.

Dans un grand saladier, mélangez les flocons d'avoine, les amandes, les noix de pécan et les graines. Dans un autre bol, mélangez l'huile de coco, le sirop d'érable, la vanille et le sel. Incorporez ce mélange dans le saladier et répartissez sur la plaque chemisée.

Enfournez 20 à 25 minutes, en remuant une fois à mi-cuisson pour avoir une belle coloration uniforme. Laissez complètement refroidir.

Conservez dans un récipient hermétique à température ambiante pendant 1 mois maximum.

POUR 6 À 8 COUPELLES

COUPELLES AU CHOCOLAT

Si vous souhaitez servir vos glaces de manière ludique et délicieuse, essayez donc ces coupelles chocolatées !

De l'huile de coco, pour graisser le moule à muffins

1 grosse banane mûre

1 tasse (240 ml) de flocons d'avoine sans gluten

½ tasse (120 ml) d'amandes en poudre

3 c. à s. de cacao cru ou de cacao non sucré

5 dattes fraîches, dénoyautées

1 c. à c. d'extrait de vanille

Une pincée de sel de mer

Préchauffez le four à 110 °C. Retournez le moule à muffins et graissez l'extérieur des empreintes avec l'huile de coco. Réservez.

Versez tous les ingrédients dans un blender ou un robot et mixez jusqu'à obtenir une pâte collante (si vous utilisez votre blender, vous pouvez travailler en 2 fois).

Divisez la pâte en 6 à 8 boules et pressez-les contre l'extérieur des empreintes du moule de manière à ce qu'elles prennent la forme de coupelles. Enfournez 20 à 30 minutes, et laissez refroidir jusqu'à ce qu'il soit possible de les démouler délicatement, à l'aide d'un couteau si nécessaire. Retournez-les pour les laisser complètement refroidir. Garnissez de glace et savourez !

POUR 4 CÔNES

CÔNES ET COUPELLES EN GAUFRETTE SANS GLUTEN

Les cônes en gaufrette maison vont transformer votre manière de manger des glaces. Vous pouvez également leur donner la forme de coupelle en pressant la gaufrette dans un petit bol avant qu'elle durcisse.

3 c. à s. de graines de chia

½ tasse (120 ml) d'eau

1 tasse (240 ml) de sucre de coco, de sucre en poudre ou d'érythritol

1 tasse (240 ml) d'amandes en poudre

6 c. à s. de fécule de tapioca ou de fécule de pomme de terre

1 ½ c. à c. de vanille en poudre

3 c. à s. d'huile de coco, fondue, plus de l'huile pour graisser le gaufrier

Mélangez les graines de chia et l'eau dans un petit bol et laissez reposer 5 minutes. Ajoutez le sucre, la poudre d'amande, la fécule et la vanille. Fouettez énergiquement en éliminant tous les grumeaux. Laissez la préparation épaissir pendant 5 minutes environ.

Pendant ce temps, préparez des moules pour les cônes. Découpez des carrés de 20 cm de côté dans du papier aluminium ou du carton. Roulez les carrés en forme de cône et scotchez les bords ensemble. Préchauffez le gaufrier et graissez avec l'huile de coco.

Quand la pâte a épaissi et qu'elle a la texture d'un porridge, incorporez l'huile de coco fondue et mélangez. Déposez 3 à 4 cuillerées à soupe de pâte au centre du moule à gaufre et refermez le gaufrier. Faites cuire 2 minutes et demie ou jusqu'à ce que les gaufrettes soient bien dorées. Déposez chaque gaufrette sur le moule en forme de cône (ou dans un petit bol pour faire une coupelle) et roulez. Laissez refroidir 2 minutes, pour que la gaufrette durcisse. Démoulez délicatement et laissez refroidir complètement sur une assiette ou une grille. Répétez l'opération avec le reste de la pâte.

UN CONSEIL !

Faites des biscuits-gaufrettes en déposant 1 cuillère à soupe de pâte au centre du gaufrier. Faites cuire 2 minutes à 2 minutes et demie et déposez dans une assiette pour laisser refroidir à plat.

GARNITURES

> *Oubliez l'art,
> misez tout sur la glace.*
>
> **- Charles Baxter**

MERCI !

Avant tout, merci d'avoir choisi notre livre !

Nous espérons que vous avez aimé le lire autant que nous avons aimé l'écrire !

Nous voulons également remercier nos amis et notre famille de nous avoir aidées à créer ces glaces, pour les tests, leurs avis et leurs idées. Nous souhaitons aussi remercier Linday Edgecombe, notre talentueuse agent, et Gabrielle Campo pour leur confiance. Merci de nous avoir donné l'opportunité de transformer notre petit projet en un véritable livre ! Un énorme merci à tous nos lecteurs à travers le monde. Nous sommes tellement heureuses de pouvoir partager notre passion avec vous, de sentir votre soutien qui nous apporte tous les jours de l'inspiration !

nicecreambook.com

N'oubliez pas de visiter nos autres sites : tuulia.co et vanelja.com, pour suivre notre actualité, nos projets et découvrir nos dernières recettes !

INDEX

Les numéros *en italique* indiquent des photographies.

A

Airelles
  Glace à l'italienne caramel-airelles en bol d'avoine, 114, *115*

Amande
  Bâtonnets crémeux cerise-amaretto, *132*, 133
  Bâtonnets pomme-menthe-avocat, *120*, 121
  Glace amande-chocolat-vanille, 36, *37*
  Rêve d'avocat et d'amande, *32*, 33

Arrow-root, 11

Avocat(s), 8
  Bâtonnets pomme-menthe-avocat, *120*, 121
  Glace avocat-menthe aux pépites de chocolat, 38, *39*
  Glace chocolat-avocat, *40*, 41
  Rêve d'avocat et d'amande, *32*, 33

Avoine
  Bols d'avoine, 190, *191*

B

Banane(s)
  Bananes surgelées, 7
  Choco-bananes, 122, *123*
  Glace à la banane basique, 82, *83*
  Glace à la banane rôtie, *64*, 65
  Glace banane-chocolat 82, *83*
  Glace banane-fraise 82, *83*

Bases
  Avocats, 8
  Bananes surgelées, 7
  Édulcorants, 8-9
  Épaississants, 13
  Lait de coco, 7-8
  Laits végétaux, 7
  Matières grasses, 10
  Noix et graines, 8-9
  Parfums, 9-10

Bâtonnets crémeux
  Bâtonnets au chocolat enrobés de chocolat blanc, *56*, 57
  Bâtonnets crémeux à l'orange, 134, *135*
  Bâtonnets crémeux au tahin, 30, *31*
  Bâtonnets crémeux aux myrtilles, 126, *127*
  Bâtonnets crémeux cerise-amaretto, *132*, 133
  Bâtonnets crémeux fraise et basilic, *124*, 125
  Bâtonnets de petit-déjeuner, *136*, 137

Beurres de noix, 10

Biscuits
  Biscuits glacés au chocolat cru, 164-67, *165*
  Biscuits glacés vanille-framboise, *178*, 179
  Coupelles au chocolat, 194, *195*

Bombes choco-vanille, *104*, 105

Bouchées glacées

    Bouchées glacées biscuits et fruits rouges, 176, *177*

    Bouchées glacées chocolat-myrtille, 168, *169*

C

Cacahuète

    Gâteau glacé caramel-cacahuète, 170, *171*

    Sauce beurre de cacahuète-caramel, 98, *99*

Cacao, 9

Cacao cru

    Beurre de cacao cru, 10

    Crumble, 186, *187*

    Glace à la noix de cajou, enrobage chocolat cru, 62, *63*

    Toffee de Vanelja, 43-44, *45*

Café

    Sundae au moka, *84*, 85

Cannelle, 12

    Glace datte et cannelle, 74-77, *75*

    Glace façon brioche à la cannelle, 90, *91*

Caramel

    Gâteau glacé caramel-cacahuète, 170, *171*

    Glace à l'italienne caramel-airelles en bol d'avoine, 114, *115*

    Glace au caramel et au toffee, 42-45, *43-44*

    Glace au popcorn caramélisé, 50, *51*

    Milkshake façon caramel au beurre salé, *152*, 153

    Sauce beurre de cacahuète-caramel, 98, *99*

    Sauce caramel, 182

Cardamome

    Nappage chocolat blanc-cardamome, *96*, 97

Cassis

    Glace vanille-cassis, *108*, 109

Cerises

    Bâtonnets crémeux cerise-amaretto, *132*, 133

    Gâteau glacé aux cerises, 160-63, *161-62*

    Glace rose et cerise, *52*, 53

Chantilly de coco, *184*, 185

Cheesecake

    Glace façon cheesecake à la fraise, 54, *55*

Chocolat, 10-11

    Bâtonnets au chocolat enrobés de chocolat blanc, *56*, 57,

    Bâtonnets crémeux fraise-chocolat, 26, *27*

    Biscuits glacés au chocolat cru, 164-67, *165*

    Bombes choco-vanille, *104*, 105

    Bouchées glacées chocolat-myrtille, 168, *169*

    Choco-bananes, 122, *123*

    Coupelles au chocolat, 194, *195*

    Glace à la noix de cajou, enrobage chocolat cru, 62, *63*

    Glace amande-chocolat-vanille, *36*, 37

    Glace banane-chocolat, 82, *83*

    Glace chocolat-avocat, *40*, 41

    Glace menthe-chocolat, 66, *67*

    Glace rhum-raisin, 78, *79*

    Milkshake triple chocolat à la menthe, *148*, 149

    Sandwiches glacés menthe-chocolat, 172-175, *173-74*

    Sauce au chocolat, 182

    Sundae rêve chocolaté, *88*, 89

Citron vert

    Sorbet kiwi citron vert, *128*, 129

Concombre

    Granité détox, 110, *111*

Cônes et coupelles

    Bols d'avoine, 190, *191*

    Cônes et coupelles en gaufrette sans gluten, 196,

197

Coupelles au chocolat, 194, *195*

Conserver la glace, 20

Cristaux, comment les éviter, 20

Crumble, 186, *187*

D

Datte

    Glace datte et cannelle, 74-77, *75*

Délice de framboises, *92*, 93

Délice des tropiques mangue-passion, 94, *95*

E

Édulcorants

    Fruits frais, 8-9

    Fruits secs, 9

    Sirop de coco, 8

    Sirop d'érable, 8

    Sirops, 8

    Stévia, 8

Épaississants

    Arrow-root, 11

    Graines de chia, 11

    Tapioca, 11

Épices, 10

F

Fraise

    Bâtonnets crémeux fraise-chocolat, 26, *27*

    Bâtonnets crémeux fraise et basilic, *124*, 125

    Coulis de fruits rouges, 189

    Glace à la fraise, 70, *71*

    Glace façon cheesecake à la fraise, 54, *55*

    Glace fraise-banane, 82, *83*

    Glace fraise-rhubarbe, *60*, 61

    Milkshake fraise super simple, *144*, 145

    Sorbet aux fruits rouges, 102, *103*

Framboise

    Biscuits glacés vanille-framboise, *178*, 179

    Délice de framboises, *92*, 93

    Glace au chocolat blanc et aux framboises, 46, *47*

    Glace framboise-réglisse, 86, *87*

Fruits rouges

    Bouchées glacées biscuits et fruits rouges, 176, *177*

    Confiture de fruits rouges, *188*, 189

    Coulis de fruits rouges, 189

    Fabuleux gâteau glacé aux mûres, 156-159, *157-58*

    Glace à la fraise, 70, *71*

    Glace vanille-cassis, *108*, 109

    Myrtilles sauvages, 97

    Sorbet aux fruits rouges, 102, *103*

Fruits et fruits rouges frais, 8-9

Fruits et fruits rouges séchés, 9

G

Garnitures

    Chantilly de coco, *184*, 185

    Confiture de fruits rouges, *188*, 189

    Coulis de fruits rouges, 189

    Crumble, 186, *187*

    Granola maison, *192*, 193

    Sauce au chocolat blanc, 182

    Sauce caramel, 182

    Sauce chocolat, 182

Gâteaux glacés

    Fabuleux gâteau glacé aux mûres, 156-59, *157-58*

    Gâteau glacé aux cerises, 160-63, *161-62*

    Gâteau glacé caramel-cacahuète, *170*, 171

Glaces à l'eau

    Bâtonnets à l'eau de coco, 118, *119*

    Bâtonnets crémeux au tahin

30, *31*

Bâtonnets crémeux fraise-chocolat, 26, *27*

Bâtonnets de petit-déjeuner, *136*, 137

Bâtonnets façon tarte aux myrtilles, 34, *35*

Bâtonnets grenade-pastèque, 138, *139*

Bâtonnets mangue-coco, 130, *131*

Bâtonnets pomme-menthe-avocat, *120*, 121

Glaces crémeuses, 24-79

Bâtonnets au chocolat enrobés de chocolat blanc, *56*, 57

Bâtonnets crémeux au tahin, 30, *31*

Bâtonnets crémeux fraise-chocolat, 26, *27*

Bâtonnets façon tarte aux myrtilles, 34, *35*

Bâtonnets matcha et chocolat blanc, *72*, 73

Glace à la banane rôtie, *64*, 65

Glace à la fraise, 70, *71*

Glace à la noix de cajou, enrobage chocolat cru, 62, *63*

Glace à la pistache, 68, *69*

Glace amande-chocolat-vanille, *36*, 37

Glace au caramel et au toffee, 42-45, *43-44*

Glace au chocolat blanc et aux framboises, 46, *47*

Glace au popcorn caramélisé, 50, *51*

Glace au sésame noir et à la réglisse, 58, *59*

Glace avocat-menthe aux pépites de chocolat, 38, *39*

Glace chocolat-avocat, *40*, 41

Glace datte et cannelle, 74-77, *75*

Glace façon cheesecake à la fraise, 54, *55*

Glace fraise-rhubarbe, *60*, 61

Glace menthe-chocolat, 66, *67*

Glace pain d'épices et patate douce, *100*, 101

Glace rhum-raisin, *78*, 79

Glace rose et cerise, *52*, 53

Glace vanille crémeuse, *48*, 49

Rêve d'avocat et d'amande, *32*, 33

Stracciatella à la noix de coco, *28*, 29

Glaces express, 16, 82-115

Bâtonnets crémeux aux myrtilles, *96*, 97

Bombes choco-vanille, *104*, 105

Choco-bananes, 82, *83*

Délice de framboises, *92*, 93

Délice des tropiques mangue-passion, 94, *95*

Glace à la banane basique, 82, *83*

Glace à l'italienne caramel-airelles en bol d'avoine, 114, *115*

Glace banane-fraise, 82, *83*

Glace façon brioche à la cannelle, 90, *91*

Glace framboise-réglisse, 86, *87*

Glace pain d'épices et patate douce, *100*, 101

Glace vanille-cassis, *108*, 109

Granité détox, 110, *111*

Méthode au blender, 16

Sorbet aux fruits rouges, 102, *103*

Sorbet mangue-melon, *112*, 113

Sundae au moka, *84*, 85

Sundae coco, 98, *99*

Sundae menthe et pépites de chocolat, 106, *107*

Sundae rêve chocolaté, *88*, 89

Graines de chia, 11

Granola maison, *192*, 193

Groseilles

Sorbet aux fruits rouges, 102, *103*

H

Herbes fraîches, 10

I

Ingrédients, 7-13

K

Kiwi

    Sorbet kiwi citron vert, *128*, 129

L

Lait

    Lait de coco, 7-8

    Lait de coco maison, 49

    Laits végétaux, 7

M

Mangue

    Bâtonnets mangue-coco, 130, *131*

    Délice des tropiques mangue-passion, 94, *95*

    Sorbet mangue-melon, *112*, 113

Matcha en poudre, 9-10

    Bâtonnets matcha et chocolat blanc, *72*, 73

Matériel nécessaire, 15

Matières grasses

Beurre de cacao cru, 10

Beurre de coco, 10

Beurres de graines, 10

Beurres de noix, 10

Huile de coco, 10

Menthe

    Bâtonnets pomme-menthe-avocat, *120*, 121

    Glace avocat-menthe aux pépites de chocolat, 38, *39*

    Glace menthe-chocolat, 67

    Milkshake triple chocolat à la menthe, *148*, 149

    Sandwiches glacés menthe-chocolat, 172-175, *173-74*

    Sundae menthe et pépites de chocolat, 106, *107*

Méthode de préparation des glaces, 15-19

    Conseil, 20

    Conservation et service, 20

    Méthode au blender, 16

    Méthode bâtonnets, 18

    Méthode glaçons, 18

    Méthode « mixé-congelé », 17

    Préparation sans sorbetière, 16-18

    Ustensiles, 15

    Utilisation d'une sorbetière, 19

Milkshakes, 140-153

Le milkshake à 5 dollars, 142, *143*

Milkshake chaï, 146, *147*

Milkshake façon caramel au beurre salé, *152*, 153

Milkshake fraise super simple, *144*, 145

Milkshake piña colada, 150, *151*

Milkshake triple chocolat à la menthe, *148*, 149

Moka

    Sundae au moka, *84*, 85

Myrtilles

    Bâtonnets crémeux aux myrtilles, 126, *127*

    Bâtonnets façon tarte aux myrtilles, 34, *35*

    Bouchées glacées chocolat-myrtille, 168, *169*

    Glace à la myrtille, *96*, 97

N

Noix de cajou

    Glace à la noix de cajou, enrobage chocolat cru, 62, *63*

Noix de coco, 9

    Bâtonnets à l'eau de coco, 118, *119*

    Bâtonnets mangue-coco, 130, *131*

    Beurre de noix de coco, 10

Chantilly de coco, *184*, 185

Huile de coco extra-vierge, 10

Lait de coco, 7-8

Lait de coco maison, 49

Sirop de coco, 8

Stracciatella à la noix de coco, *28*, 29

Sundae coco, 98, *99*

Noix et graines, 8

O

Orange

Bâtonnets crémeux à l'orange, 134, *135*

P

Parfums

Cacao, 9

Épices, 10

Herbes fraîches, 10

Matcha, 9-10

Noix de coco, 9

Réglisse, 10

Vanille, 9

Passion, fruits de la

Délice des tropiques mangue-passion, 94, *95*

Pastèque

Bâtonnets grenade-pastèque, 138, *139*

Patate douce

Glace pain d'épices et patate douce, *100*, 101

Pistache

Glace à la pistache, 68

Popcorn

Glace au popcorn caramélisé, 50, *51*

R

Réglisse, 10

Glace au sésame noir et à la réglisse, 58, *59*

Glace framboise-réglisse, 86, *87*

Rhubarbe

Glace fraise-rhubarbe, *60*, 61

Rhum

Glace rhum-raisin, 78, *79*

Rose

Glace rose et cerise, *52*, 53

S

Sandwiches glacés

Biscuits glacés au chocolat cru, 164-67, *165*

Biscuits glacés vanille-framboise, 178, *179*

Sandwiches glacés menthe-chocolat, 172-175, *173-74*

Sauces et coulis

Coulis de fruits rouges, 189

Nappage chocolat blanc-cardamome, 96, *97*

Sauce au chocolat blanc, 182

Sauce beurre de cacahuète-caramel, 98, *99*

Sauce caramel, 182

Servir des glaces maison, 20

Sésame noir

Glace au sésame noir et à la réglisse, 58, *59*

Sirop d'érable, 8

Sorbetière, utilisation, 19

Sorbets

Granité détox, 110, *111*

Sorbet aux fruits rouges, 102, *103*

Sorbet kiwi citron vert, *128*, 129

Sorbet mangue-melon, *112*, 113

Stévia, 8

Stracciatella à la noix de coco, *28*, 29

Sundaes

Sundae au moka, *84*, 85

Sundae coco, 98, *99*

Sundae menthe et pépites de chocolat, 106, *107*

Sundae rêve chocolaté, *88*, 89

T

Tapioca, 11

Texture, obtenir la bonne, 20

Thé vert, 11

Toffee de Vanelja, 43-44, *45*

V

Vanille, 9

    Biscuits glacés vanille-framboise, *178*, 179

    Bombes choco-vanille, *104*, 105

    Glace amande-chocolat-vanille, *36*, 37

    Glace vanille-cassis, *108*, 109

    Glace vanille crémeuse, *48*, 49

    Le milkshake à 5 dollars, 142, *143*

Y

Yaourt

    Bâtonnets de petit-déjeuner, *136*, 137

AU SUJET DES AUTEURES

Hello ! Nous sommes deux amoureuses de la cuisine saine et des glaces. Ce livre a été conçu par amour pour les desserts glacés, car nous souhaitions partager nos recettes préférées et donner envie au plus grand nombre de se lancer dans le monde merveilleux des glaces saines.

VIRPI

Je suis créatrice de recettes, auteure, styliste et photographe culinaire, j'écris des livres de cuisine et je m'occupe de mon site internet, Vanelja. Je vis à Helsinki, en Finlande, avec ma fille de 4 ans et mon conjoint. Ce sont les meilleurs testeurs de glaces et je les gâte presque tous les jours avec des glaces ou d'autres desserts sains. Ma glace préférée dans cet ouvrage est sans doute la *Glace au popcorn caramélisé* (page 50). Crémeuse mais croquante, sucrée mais salée et tout à fait addictive !

vanelja.com

instagram.com/vanelja

TUULIA

J'adore les aliments naturels, je crée des recettes et je suis également fan de yoga que j'enseigne, entrepreneuse et passionnée de nourriture à plein temps. J'aime ma vie à Helsinki, mais j'adore aussi voyager et découvrir de nouveaux endroits. J'espère pouvoir encourager d'autres personnes à mener une vie plus saine et heureuse grâce à mon travail quotidien et, bien sûr, grâce à ces délicieuses glaces ! J'ai beaucoup de chouchous dans ce livre, mais ma recette préférée demeure la glace *Rêve d'avocat et d'amande* (page 33).

tuulia.co

instagram.com/tuuliatalvio

Designeuses de glaces, à votre service !

A DÉCOUVRIR EN CE MOMENT SUR COLLECTION-V.COM

MAIS JE NE POURRAI JAMAIS DEVENIR VÉGANE !
Kristy Turner

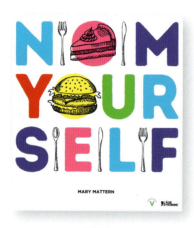

NOM YOURSELF
Mary Mattern

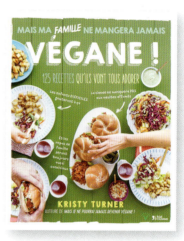

MAIS MA FAMILLE NE MANGERA JAMAIS VÉGANE !
Kristy Turner